KB272902

유통업체 거래관계에 대한 상호의존적 관점

유통업체 거래관계에 대한 상호의존적 관점

김종근 著

한국학술정보[주]

차 례

표 차례

그림차례

제1장 서 론

제1절 연구의 배경 및 목적

현대 사회에서는 모든 기업들이 다른 기업들과의 관계 속에서 존재한다. 이러한 현상은 점차 격화되고 있는 경쟁과 빠른 속도로 변화되는 환경 속에서 더욱 뚜렷해지고 있다. 개별 기업들은 성과를 내기 위해 자원이 필요하며, 이러한 자원을 개별 기업들이 모두 소유하는 것은 현실적으로 불가능하다. 따라서 희소한 자원의 획득을 위해 다른 기업과의 의존적 관계형성은 필수적이라 할 수 있다(Pfeffer and Salancik 1978).

이러한 맥락에서 유통과 관련된 많은 마케팅 학자들이 의존성(dependence)에 대한 연구를 해왔다(Anderson and Narus 1990; Buchanan 1992; Frazier and Summers 1984, 1986; Frazier and Rody 1991; Heide 1994 등). 그러나 Gundlach and Cadotte(1994)에 의해 상호의존성(interdependence)에 대한 연구가 본격적으로 진행되기 전의 연구들은 거래관계를 이루고 있는 거래당사자 중 일방에 대해 국한되어 진행되어 왔다. Gundlach and Cadotte(1994)는 거래관계를 이루고 있는 거래당사자들의 상대방에 대한 의존성을 측정하여, 개별 기업들의 의존성을 합한 총합(magnitude) 개념과 개별 기업들의 의존성의 차이인 불균형성(asymmetry) 개념을 제시하였고, 이러한 개념들과 영향전략(influence strategy) 및 갈등(conflict)이 어떠한 관계를 맺고 있는지를 살펴보았다. 이들 연구에 이어, Kumar, Scheer and Steenkamp(1995) 등은 Gundlach and Cadotte(1994)의 연구와 마찬가지로 상호의존성의 총합과 불균형성이 갈등, 신뢰(trust) 및 몰입(commitment) 등에 어떠한 영향을 미치는지를 살펴보았으나, Gundlach and Cadotte(1994)의 연구에서 상호의존성을 측정한 방법과는 상이하게 상호의존성의 개별 개념들을 측정하였고, 이러한 개념들이 갈등, 신뢰 및 몰입 등에 미치는 영향을 설명하기 위한 이론적 근거로서 쌍무적 억제이론(bilateral deterrence theory)를 제시하였다.

이들 연구는 공통적으로 상호의존성과 갈등 간의 관계에 대해 연구하였는데, 상호의존성의 총합과 갈등감소 간의 관계는 긍정적인 선형관계를 갖고, 상호의존성의 불균형성과 갈등감소와의 관계는 부정적인 선형관계임을 가설로써 제시하였다. 그러나 Gundlach and Cadotte(1994)의 연구에서는 상호의존성과 갈등 간 관계에 대해 명확한 이론적 근거를 제시하지 못하였으며, 실증분석결과도 부분적으로만 지지되었다. 또 다른 연구로서는 Kumar, Scheer and Steenkamp(1995)의 연구가 존재하는데, 상호의존성과 갈등 간 관계를 쌍무적 억제이론(bilateral deterrence theory)과 갈등나선형이론(conflict spiral theory)이 상반되게 접근함에도 불구하고 그들은 각 이론에 대한 타당성을 검증하지 않은 채 쌍무적 억제이론에 근거하여 상호의존성과 갈등 간 관계에 대해 연구가설을 제시하였다.

사회학 분야에서는 힘과 힘의 행사 간의 관계에 대해서 상반된 견해를 보이는 두 가지 이론이 존재한다(Bacharach and Lawler 1981; Deutsch and Krauss 1962; Lawler 1986; Lawler and Bacharach 1988; Morgan 1977 등). 그중 한 이론이 Kumar, Scheer and Steenkamp(1995)의 연구에서 이론적 근거로서 제시한 쌍무적 억제이론이며, 나머지 한 이론은 갈등나선형이론이다. 쌍무적 억제이론에 근거해서 상호의존성과 갈등 간의 관계를 예측하자면, 상호의존성의 총합이 증가하게 되면 갈등이 감소하게 되지만 상호의존성의 불균형성이 증가하게 되면 갈등은 증가하게 된다는 것이다. 반대로 갈등나선형이론에 따르면 상호의존성의 총합이 증가할수록 갈등이 증가하게 되고 상호의존성의 불균형성이 증가할수록 갈등은 감소하게 된다. 이와 같이 두 이론은 상호의존성과 갈등 간의 관계에 대해서 상반된 견해를 보이고 있음에도 불구하고 Kumar, Scheer and Steenkamp(1995, 1998)의 연구에서는 뚜렷한 근거를 제시하지 않은 채 상호의존성과 갈등 간의 관계에 대해 쌍무적 억제이론을 이론적 근거로서 제시하였다.

이와 같이 상호의존성과 갈등 간의 관계에 대해 상반된 견해가 존재함은 상호의존성과 갈등 간의 비선형적 관계(nonlinear relationship)의 가능성을 의미하는 것으로서, 본 연구에서는 앞에 언급한 대립된 두 이론과 함께 의존성에 대한 다양한 기존 연구들(Anderson and Weitz 1992; Buchanan 1992; Frazier 1983; Kelley 1983 등)을 활용하여 상호의존성과 갈등 간의 직접적인 관계를 규명하고자 한다. 이를 위해서 먼저 상호의존성과 갈등 간 관계에 대한 대립되는 이론들인 쌍무적 억제이론과 갈등나선형이론에 근거하여 상호의존성의 두 차원(총합, 불균형성)과 갈등 간 관계에 대한 연구가설과 대안가설(alternative hypothesis)을 동시에 제시하고 실증분석을 통해 가설을 검증할 것이다.

또한 앞에서도 언급했듯이 상호의존성과 갈등 간의 관계에 관련된 연구들뿐만 아니라 나머지 상호의존성에 관한 연구들에서도 상호의존성이 다른 개념과 선형적인 관계를 갖고 있다고 가정하고 있다(Gundlach and Cadotte 1994; Kumar, Scheer and Steenkamp 1995; Lawler 1986 등). 예외적으로 Hornstein(1965)의 연구에서 힘과 힘의 행사 간의 관계에 대해 쌍무적 억제이론에 근거하여 실증분석을 실시한 결과 예상과 달리 비선형적인 관계를 나타내기는 했지만, 이 연구에서는 이러한 비선형적 관계에 대한 논리는 제공하지 못하였다. 이에 본 연구에서는 기본적으로 상호의존성과 갈등 간 관계가 선형적임을 가정하지 않고 쌍무적 억제이론과 갈등나선형이론을 포함한 다양한 유통연구들을 토대로 상호의존성과 갈등 간의 비선형적 관계를 논리적으로 제시하고자 한다.

마지막으로 본 연구에서는 상호의존성에 대한 측정상 오류를 방지하기 위해 자료수집상에서 기존 연구들과 차별화하였다. 즉 마케팅 영역에서 상호의존성에 관한 대부분의 연구들을 보면(Gayskens, Steenkamp, Scheer and Kumar 1996; Gundlach and Cadotte 1994; Kumar, Sheer and Steenkamp 1995, 1998; Lusch and Brown 1996 등), 상호의존성에 대해 거래일방으로부터만 측정하고 있음을 알 수 있는데, 이는 측정상의 오류를 가져올 수 있다(Kim and Hsieh 2003). 즉 상호의존성을 측정하기 위해서 거래일방에게 자신의 의존성과 '자신이 지각하는' 상대방의 의존성에 대해 측정할 경우 자신의 지각에 의한 오류(self-perception bias)가 발생할 수 있는 것이다. 따라서 본 연구에서는 거래관계상의 거래당사자 각각을 대상으로 자신이 지각하는 상대방에 대한 의존성을 측정함으로써 이러한 오류를 최소화하고자 한다.

제2절 논문의 구성

본 연구에서는 서론에서 연구의 배경 및 목적에 대해서 간략하게 언급하고, 다음으로 상호의존성과 갈등 간의 관계를 설명할 수 있는 이론으로서 쌍무적 억제이론과 갈등나선형이론을 함께 제시하고 각 이론들을 개별적으로 살펴봄으로써 본 연구에서 제시한 연구가설의 이론적 근거로서 활용하고자 한다. 또한 두 이론과 함께 상호의존성과 갈등 간 관계에 대한 기존 연구들을 토대로 상호의존성의 두 차원과 갈등 간 직접적 관계에 대한 대립되는 가설들을 제시함과 동시에 상호의존성의 총합이 높은 경우 상호의존성의 불균형성이 갈등에 미치는 영향에 대한 연구가설을 쌍무적 억제이론과 갈등나선형이론의 견해를 근간으로 기존의 다양한 연구들을 활용하여 제시하였다. 실증분석은 산업재 시장(소방관련 전문공사시장)을 대상으로 실시할 것이며, 결론에서는 실증분석결과를 요약하고 본 연구의 학문적 및 실무적 의의와 함께 연구의 한계점과 향후 연구방향을 제시할 것이다.

제2장 이론적 배경

　본 연구는 상호의존성과 갈등 간의 관계를 보다 이론적으로 고찰하기 위해 사회학 분야에서 힘과 힘의 행사 간의 관계를 규명하고자 활용되어 왔던 두 가지 대립되는 이론을 활용하고자 한다(Deutsch and Krauss 1962; Lawler 1986; Lawler, Ford and Blegen 1988; Morgan 1977 등). 대립되는 두 가지 이론으로서 쌍무적 억제이론과 갈등나선형 이론이 존재하는데, 두 이론은 기본적으로 힘이 균형상태인 경우에 힘이 증가할수록 상대방에 대해 힘을 행사할 가능성이 증가 또는 감소한다는 상반된 예측을 하고 있다. 이러한 상반된 예측에 대해 마케팅 영역과 사회학 분야 모두에서 제대로 설명되지 못하고 있다. 이러한 견해차이를 해결하기에 앞서 본 절에서는 먼저 각 이론에 대해 기존 연구들을 토대로 개별적으로 정리하고, 해당 이론들 간의 유사점 및 차이점에 초점을 맞추어 본 연구상황에 적용하고자 한다.

제1절 쌍무적 억제이론

　쌍무적 억제이론은 관계(사회적 및 경제적 관계 포함)상에서 힘(주로 처벌력(punitive capability)측면에 초점)과 위협 및 공격전술간의 관계를 '억제(deterrence)'기능을 활용하여 설명하고자 하는 이론이다. 주로 사회심리학 분야에서 오래 전부터 연구되어 왔던 이론으로서 마케팅 영역에서는 Kumar, Sheer and Steenkamp(1995)의 연구를 통해 상호의존성과 갈등 간의 관계를 설명하고자 처음으로 활용되었다.

　Morgan(1977)은 쌍무적 억제이론을 비교적 초창기에 제시한 학자로 평가

되고 있는데(Lawler 1986), 그는 억제를 '직접적(immediate) 억제'와 '일반적(general) 억제'로 구분하여 기존 억제이론과 차별화를 시도하였다. Morgan(1977)의 연구 이전에 억제와 관련된 연구들을 보면 대체로 거래당사자 중 일방만을 고려하는 한계점들을 내포하고 있다(Schelling 1960; Tedeschi and Bonoma 1972; Tedeschi, Schlenker and Bonoma 1973 등). 예를 들어 Schelling(1960)은 직접적 억제만을 고려하였으며, 상대방에 대한 위협(threat)을 통해 자신에 대한 공격을 억제하는 측면만을 고려했을 뿐 자신의 공격에 대한 상대방의 반응에 대해서는 고려하지 못하였다. 또한 Tedeschi and Bonoma(1977)도 게임이론을 활용하여 일방의 힘이 상대방의 순종(compliance)에 미치는 영향만을 고려함으로써 '쌍무적 억제'가 아닌 '일방적 억제'만을 고려하였다. 그러나 대부분의 거래관계들(bargaining relationships)은 쌍방적 접촉이 가정되므로 거래 일방만을 고려한 이들 연구들은 활용 면에서 한계점을 내포하고 있다(Lalwer, Ford and Blegen 1988).

Morgan(1977)의 연구 외에도 Hornstein(1965), Michener and Cohen(1973), Bacharach and Lawler(1981) 등의 연구들에서 쌍무적 억제이론에 대한 다양한 견해를 제시하였는데, Lawler는 자신의 여러 연구들(Bacharach and Lawler 1981; Lawler 1986; Lalwer, Ford and Blegen 1988)에서 기존 연구들을 토대로 쌍무적 억제이론을 정리하였다. 다음에서는 Lawler의 다양한 연구들을 토대로 쌍무적 억제이론에 대해 간략하게 언급하고자 한다.

앞에서도 언급했듯이 쌍무적 억제이론은 쌍무적 거래관계(bilateral bargaining relationship)에서 쌍방이 지니고 있는 능력으로서의 힘에 따라 쌍방이 어떠한 행동(주로 강압적 행위에 초점)을 하게 되는지를 설명하고자 하는 이론이다. 이 이론에 따르면 힘과 힘의 행사 간에는 상대방에 의한 보복의 두려움(fear of retaliation)과 상대방이 공격할 것이라는 예상(expectation of attack)이라는 두 가지 인지적 요소가 작용한다고 제안하였다. 보복에 대한 두려움은 자신이 힘을 행사할 경우 이에 대해 반응할 수 있는 상대방의 능력정도로서 정의할 수 있으며, 공격에 대한 예상은 자

신의 공격여부와 상관없이 상대방이 자신을 공격할 것이라는 지각된 확률
이라고 정의하였다(Lawler 1986; Lalwer, Ford and Blegen 1988).

초창기 쌍무적 억제이론과 관련된 연구들(Morgan 1977; Tedeschi and
Bonoma 1977; Molm 1987 등)에서는 쌍방 간 힘의 차이가 없다는 가정하
에 힘의 총합이 힘의 행사에 미치는 영향에 대해서 주로 살펴보았다. 이때
힘의 총합이 힘의 행사에 미치는 영향에 대한 근거를 살펴보면(Bacharach
and Lawler 1981; Lawler 1986; Lalwer, Ford and Blegen 1988), 거래관
계에 있는 거래당사자 중 일방(이하 A라고 지칭)의 힘이 증가하게 되면
상대방(이하 B라고 지칭)은 A를 공격할 경우 당할 보복에 대한 두려움이
증가하게 되어 A에 대한 힘의 행사를 자제하게 되고, 반대로 A는 자신의
힘이 증가하게 됨에 따라 B가 자신에게 공격할 가능성이 낮다고 예상하여
B를 공격할 필요성을 느끼지 못한다는 것이다. 이러한 논리는 힘의 균형상
태라고 가정함으로써 힘의 행사주체가 A에서 B로 바뀌더라도 마찬가지로
적용될 수 있다. 특히 초기 쌍무적 억제이론에서는 보복에 대한 두려움만
으로 힘의 행사가 자제된다고 제안하였으므로 쌍무적 억제이론에서는 보복
에 대한 두려움이 주요 인지적 요소라고 할 수 있다.

또한 쌍무적 억제이론에 따르면 힘의 불균형성이 힘의 행사에 미치는 영
향에 대해서 설명할 수 있는데, 이때에도 힘의 총합이 힘의 행사에 영향을
미치는 경우와 마찬가지로 위의 두 가지 인지적 요소가 중요한 역할을 수
행하게 된다. 그러나 쌍무적 억제이론에 따르면, 힘의 총합이 힘의 행사에
미치는 영향을 설명할 경우에는 두 가지 인지적 요소가 동일하게 작용하는
반면 힘의 불균형성이 힘의 행사에 영향을 미칠 경우에는 두 가지 인지적
요소가 다르게 작용한다고 가정한다(Lawler 1986; Lalwer, Ford and
Blegen 1988). 즉 거래당사자 간의 힘이 불균형을 이룰 경우에는 힘의 우
위에 놓인 당사자(이하 A라고 지칭)와 힘의 열위에 놓인 당사자(이하 B라
고 지칭)가 존재하게 되며, 이때 A는 힘의 우위에 있기 때문에 상대방에
의한 보복의 위험성이 감소하게 되어 힘의 행사를 억제할 필요를 느끼지

못하게 되며, 반면에 B는 힘의 열위에 있기 때문에 상대방에 의한 보복의 위험성이 높기는 하나 상대방이 공격할 가능성이 높기 때문에 상대방이 공격할 경우 자신도 보복행위를 할 수 있음을 보여주기 위해 상대방에게 비우호적인 행위를 할 것이라고 이 이론에서는 제안하였다. 이와 같이 힘이 불균형을 이룰 경우 힘의 우위에 있거나 열위에 있거나 상관없이 모두가 상대방에 대해서 비우호적인 행위를 행할 가능성이 높아질 것이라는 것이 쌍무적 억제이론의 견해이다. 그러나 갈등나선형이론에서는 이와는 반대되는 견해를 나타내고 있다. 다음 절에서 갈등나선형이론에 대해서 대략적으로 설명한 후, 두 이론에 대해서 비교함으로써 가설의 근거로서 제시하고자 한다.

제2절 갈등나선형이론

Deutsch and Krauss(1962)는 갈등나선형이론을 가장 초창기에 연구한 학자들로 평가되고 있는데(Lawler 1986), 그들은 상대방에 대한 힘의 행사 중 위협(threat)에 대해서 두 가지 연구가설을 제시하였다. 즉 힘을 행사할 수 있는 기회가 단순히 주어지기만 해도 힘을 행사하는 정도는 증가할 것이라는 것이 첫 번째 가설이며, 관계상에 있는 당사자들 중 특정 당사자가 힘을 행사할 경우 상대방은 이에 반응함으로써 상대방에게 힘을 행사한다는 것이다. 이와 같은 가설은 매우 상식적인 것으로 Deutsch and Krauss(1962)는 유명한 'trucking game'이라는 실험상황에서 이러한 가설을 검증하였다.

실험상황을 간략하게 요약하자면, 가상실험으로서 두 트럭회사가 존재하고, 각 회사가 상대방에 대해 위협을 가할 수 있는 여부(모두 가능/일방만 가능/모두 불가능)를 실험조작하여 각각 자신의 회사에게 이익이 되는 경로(long route/short route)에 대해 배타적으로 선택해야 하는 쌍무적 거래 상황(bilateral bargaining situation)을 가상하였다. 실험결과 거래당사자 모두가 상대방에 대해 위협을 가할 수 있는 실험상황에서 상대방에 대해 위협을 가한 횟수가 가장 많았고, 거래 일방이 위협을 행사한 경우 상대방도 마찬가지로 위협을 행사했음을 보여주었다.

그러나 이후의 연구들에서는 Deutsch and Krauss(1962)의 연구와는 다소 상이한 연구결과들이 도출되었으며, 이러한 연구들 중 일부가 쌍무적 억제이론의 견해와 유사한 연구결과를 제시하였다. 그러나 대부분의 연구들은 위협과 실제 상대방의 성과에 부정적인 영향을 미친 경우(damaging)와의 구별에 초점을 맞추었을 뿐이며, 이러한 구분조차도 연구들마다 다소 상이하다(Nardin 1968; Shomer, Davis and Kelley 1966; Tedeschi, Bonoma and Novinson 1970 등). Lawler(1986), Lalwer, Ford and Blegen(1988) 등의 연구들에서는 위협과 피해(damage)를 모두 힘의 강압적(coercive) 행사로 간주하여 힘과 힘의 행사 간의 관계에 대해 이론을 정교화 하였다. 다음에서는 이들 연구에 기초하여 갈등나선형이론에 대해서 간략하게 살펴보고자 한다.

쌍무적 억제이론과 마찬가지로 초기 갈등나선형이론에서도 거래관계상 힘이 균형을 이루고 있다는 가정하에 거래당사자들 각각의 힘이 증가할수록 힘을 행사할 가능성은 증가한다는 가설을 제시하였다. 초기 갈등나선형이론에서는 힘을 행사하고자 하는 유혹(temptation)이 힘을 행사하게 하는 주요 원인이라고 제시하였는데, 힘의 행사유혹은 상대방의 행위와 상관없이 힘을 행사하고자 하는 경향(disposition)이라고 정의할 수 있으며, 이러한 경향은 자신이 지닌 힘의 정도에 따라 다르다고 제시하였다(Lawler 1986; Lalwer, Ford and Blegen 1988). 그러나 힘의 행사유혹만을 고려한다면 거래 일방만 고려되므로 상대방에 대한 지각도 함께 보기 위해 상대방이 힘을 행사하고자 하는 유혹에 대한 지각도 고려하였다(Lawler 1986). 따라서 갈등나선형이론도 쌍무적 억제이론과 마찬가지로 두 가지 인지요소가 힘과 힘의 행사 간의 관계를 설명하고 있으나 주요 인지적 요소는 자신의 힘에 근거한 힘의 행사유혹이 제시된다(Deutsch and Krauss 1962; Lawler 1986).

갈등나선형이론에 근거하여 힘의 총합이 힘의 행사에 미치는 영향에 대한 근거를 살펴보면(Deutsch and Krauss 1962; Lawler 1986; Lalwer, Ford and Blegen 1988), 힘이 균형상태에 있을 때, 거래관계에 있는 거래당사자 중 일방(이하 A라고 지칭)의 힘이 증가하게 되면 A는 자신의 힘을 행사하고자 하는 유혹을 느끼게 되어 힘을 행사할 가능성이 커지고, 마찬가지로 상대방(이하 B라고 지칭)도 자신의 힘이 증가하게 되면 이러한 힘을 행사하고자 하는 유혹을 느끼게 되어 힘을 행사할 가능성이 커지게 된다는 것이다. 그러나 쌍무적 억제 이론의 경우와 마찬가지로 초기 갈등나선형이론은 거래당사자 중 일방만을 고려하는 한계점을 갖고 있는데, Lawler(1986), Lalwer, Ford and Blegen(1988) 등은 상대방에 대한 지각도 고려하고자 상대방의 공격에 대한 예상도 힘의 행사에 영향을 미칠 수 있다고 제안하였다. 공격예상에 대한 정의는 쌍무적 억제이론과 동일하나 쌍무적 억제이론에서의 상대방의 공격에 대한 예상이 자신의 힘에 근거한 것이라면, 갈등나선형이론에서는 상대방의 공격에 대한 예상이 상대방의 힘에 대한 지각에 근거한 것이라는 점에서 구별된다.

따라서 갈등나선형이론에 따르면 거래관계에서 힘이 균형상태를 이룰 경우, 거래일방(A)의 힘이 증가하게 되면 자신의 힘을 행사하고자 하는 경향이 증가하게 되어 힘을 행사하게 되고, 또 다른 거래당사자(B)는 지각된 상대방(A)의 힘에 근거하여 상대방이 비우호적 행위를 할 가능성이 높다고 예상하여 상대방에 대해 비우호적 행위를 할 가능성이 증가한다는 것이다(Deutsch and Krauss 1962). 이러한 논리는 거래당사자가 바뀌더라도 마찬가지로 작용된다.

또한 Lawler(1986), Lalwer, Ford and Blegen(1988) 등은 초기 갈등나선형이론을 활용하여 거래당사자 간 힘이 불균형을 이룰 경우에 어떠한 형태로 힘을 행사하는지도 살펴보았는데, 이때에도 힘의 총합이 힘의 행사에 영향을 미칠 경우 작용하는 두 가지 인지요소가 영향을 미치기는 하지만 힘의 열위 또는 우위에 따라 개별 인지요소의 중요도는 달라진다고 제안하였다. 갈등나선형이론에 따르면 힘의 우위에 있는 거래당사자는 주로 상대방의 공격예상에 의해 힘의 행사여부를 결정한다고 가정하는데, 자신의 힘이 우위에 있기 때문에 구태여 힘을 행사하지 않더라도 상대방으로부터 순종(compliance)을 이끌어 낼 수 있기 때문에 힘을 행사할 필요성을 느끼지 못하여 힘을 행사하지 않게 된다고 제안하였다. 반대로 힘의 열위에 있는 거래당사자는 힘을 행사하여 얻을 이득이 적음을 알기 때문에 힘을 행사하고자 하는 유혹을 적게 느끼게 되고 결과적으로 힘을 행사하지 않을 것이라고 단순하게 가정하였으며 결과적으로 거래당사자 모두가 힘을 행사하지 않게 됨에 따라 갈등은 감소하게 될 것이라고 제안하였다.

이와 같이 동일한 상황에 대해서 쌍무적 억제이론과 갈등나선형이론은 서로 다른 예측을 하고 있다. 본 연구에서는 두 이론의 유사점과 차이점을 정리함과 동시에 두 이론을 활용하여 상호의존성과 갈등 간 관계를 규명하기 위해 기존 연구들을 토대로 의존성 개념과 파워 개념 간의 관계에 대해서 정리하고자 한다.

제3절 갈등나선형이론과 쌍무적 억제이론의 비교

앞서 언급했듯이 거래관계에서 힘이 힘의 행사에 미치는 영향에 대해서 쌍무적 억제이론과 갈등나선형이론은 서로 상반된 견해를 제시하고 있다. 그러나 설명하고자 하는 현상자체는 서로 동일하며 기타 몇 가지 가정에 대해서도 동일한 시각을 갖고 있다. 다음에서는 두 이론이 가지는 동일한 가정이 무엇이며, 두 이론의 차이점은 무엇인지를 정리하여 실제 연구가설을 제시할 때 활용하고자 한다.

두 이론은 모두 명확한 거래상황(explicit bargaining situation)을 대상으로 한다. 명확한 거래상황이란 기본적으로 갈등이 내포되어 있고, 상대방에 대한 제안(offers)과 상대방에 의한 반대제안(counteroffers)에 의해 상호작용이 발생하는 상황을 지칭한다(Barcharach and Lawler 1981; Chertkoff and Esser 1976; Schelling 1960). 또한 두 이론은 기본적으로 거래양자 간의 관계를 가정하고 있다(Deutsch and Krauss 1962; Morgan 1977 등).

두 이론이 제시되기 전에 전통적으로 힘의 불균형과 힘의 행사 간의 관계를 설명하였던 상대적 파워이론(relative power theory)은 기본적으로 일방적(unilateral) 힘의 관계를 가정하고 있으나, 두 이론은 쌍방적(bilateral) 힘의 관계를 가정하고 있다(Cook and Emerson 1978; Lawler 1986; Rubin and Brown 1975). 일방적 힘의 관계란 힘의 차이가 명확함에 따라 힘의 열위에 있는 거래당사자는 상대방에 대해 힘을 행사할 가능성이 거의 없는 경우를 말한다. 반면 쌍방적 힘의 관계란 거래관계에 있는 거래당사자 각자가 상대방의 성과에 영향을 미칠 수 있는 수준의 힘을 보유하고 있음에 따라 서로에게 모두 힘을 행사할 가능성이 있는 관계를 말한다.

또한 두 이론에서는 거래당사자 모두가 자신과 상대방이 보유하고 있는 힘의 수준을 알고 있으며, 이러한 지식과 함께 힘을 행사할 수 있는 기회(opportunity)는 거래당사자 모두에게 동등하다고 가정한다. 물론 자신이나 상대방이 갖고 있는 힘에 대해 알고 있는 지식이 정확하지 않을 수 있다고 가정하고 있지만 적어도 힘의 존재여부와 힘에 대한 일반적인 정보는 갖고 있다고 가정한다. 이러한 가정은 상대방에 대한 두려움(fear) 또는 예상(expectation)으로서 설명되고 있다(Lawler 1986).

이와 같이 두 이론은 여러 가정들을 공유하고 있지만, 각각의 이론들은 힘이 힘의 행사에 어떠한 영향을 미치는지에 대해서는 상반된 견해를 보인다. 다음의 〈표 1〉과 〈그림 1〉은 두 이론의 차이점을 정리한 것이다.

<표 1> 쌍무적 억제이론과 갈등나선형이론의 차이점

	쌍무적 억제이론		갈등나선형이론	
힘의 균형상태와 거래관계 간 관계	균형상태	우호적 관계	균형상태	비우호적 관계
	불균형상태	비우호적 관계	불균형상태	우호적 관계
힘행사의 결정요인들	−보복에 대한 두려움 −상대방의 공격에 대한 예상		−힘행사의 유혹 −상대방의 공격에 대한 예상	
힘행사에 대한 주요 결정요인의 형성근거	보복에 대한 두려움	상대방의 힘	힘의 행사유혹	자신의 힘
	공격에 대한 예상	자신의 힘	공격에 대한 예상	상대방의 힘
힘의 불균형시 중요도	우 위	보복에 대한 두려움	우 위	공격에 대한 예상
	열 위	공격에 대한 예상	열 위	힘행사의 유혹

　　쌍무적 억제이론과 갈등나선형이론은 모두 힘과 힘의 행사 간의 관계에 대해 언급하고 있지만 갈등이 존재하는 거래관계를 가정함으로써 힘이 거래관계에 부정적 또는 긍정적 영향을 미칠 것이라는 암묵적 가정을 하고 있다(Lawler 1986). 쌍무적 억제이론에 따르면 힘이 균형적인 거래관계에서 자신 또는 상대방의 힘이 증가할수록 이러한 힘은 억제작용(function of deterrence)을 하게 되어 거래관계를 보다 조화롭고 협동적으로 만든다고 제안한 반면, 갈등나선형이론에 따르면 힘이 균형적인 거래관계에서 자신 또는 상대방의 힘이 증가할수록 이러한 거래관계에 긴장(tension)을 유발하게 되어 관계를 보다 경쟁적이고 불안정적으로 만든다고 제안하였다(Lawler 1986; Morgan 1977). 그러나 힘이 불균형적인 거래관계의 경우는 이와는 다른 양상을 보이는데, 쌍무적 억제이론에 따르면 힘이 불균형적인 관계와 균형적인 관계를 비교하여 힘이 억제작용을 하기 위해서는 균형적인 관계가 필요하며, 힘의 균형적인 관계를 힘이 억제작용을 발휘하기 위한 선행요소로 보는 반면에, 갈등나선형이론에서는 힘의 증가에 따른 긴장을 해소하기 위해 힘이 불균형적으로 되어야 함을 제시하고 있다.

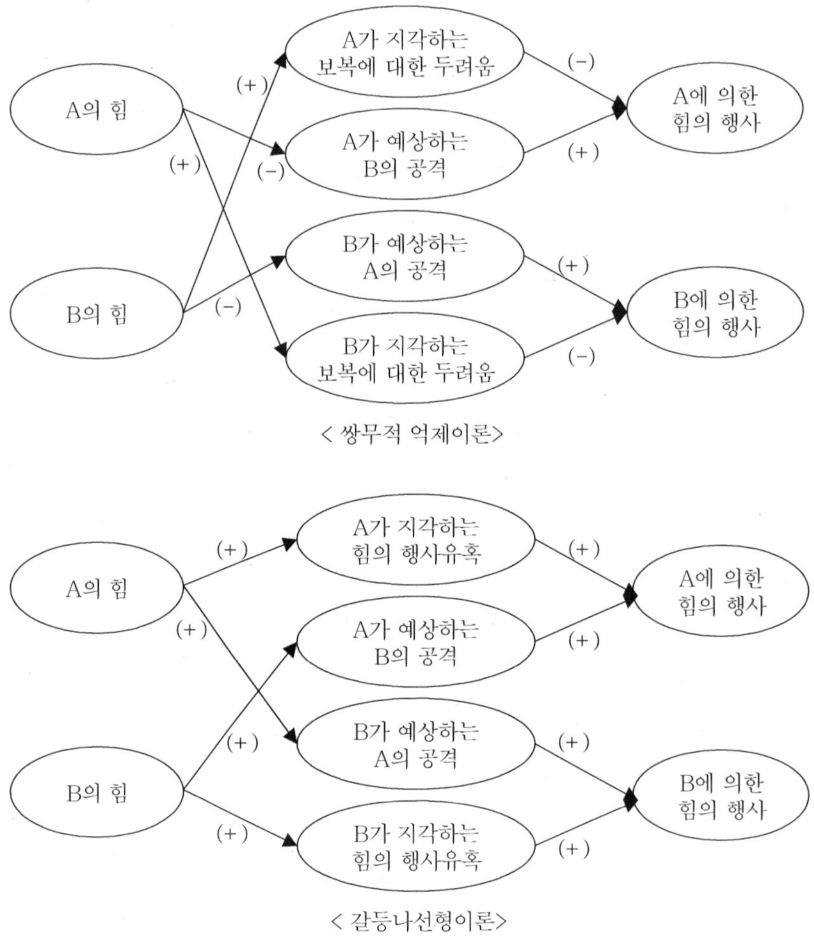

〈그림 1〉 쌍무적 억제이론과 갈등나선형이론

　두 이론은 모두 힘과 힘의 행사 간에 인지적 요소가 존재함을 제시하고 있지만 각각의 인지적 요소는 다소 상이함을 갖고 있다. 두 이론의 초기형태에서는 힘의 균형적인 상태를 가정하며 특정 인지요소(보복에 대한 두려움 또는 힘의 행사유혹)만이 힘이 힘의 행사에 미치는 영향에 작용한다고 제시하였으며, 개별 인지적 요소의 근거도 상이하게 제시하였다. 즉 쌍무적 억제이론에 의하면 거래당사자 중 일방의 힘이 증가함에 따라 상대방의 보복에 대한 두려움이 증가하게 된다고 제안하여 주요 인지적 요소로서 제시한 보복에 대한 두려움은 상대방의 힘에 근거하여 형성된다고 제안하였다. 반면에 갈등나선형이론에 따르면 주요 인지적 요소로서 힘의 행사에 대한 유혹을 제시하였는데, 이러한 유혹은 자신의 힘에 근거하여 형성된다고 제안함으로써 두 이론은 개별적인 인지적 요소와 개별적인 형성근거를 제시하였다.

Lawler 등(1981, 1986, 1988)은 이러한 초기 이론들을 통합함과 동시에 인지적 요소를 추가로 제시하였는데, 초기 이론들에서는 힘을 행사할 거래당사자가 지각하는 자신의 인지요소만이 힘의 행사에 영향을 미친다고 하였는데, Lawler는 힘을 행사할 거래당사자가 지각하는 상대방의 인지요소도 고려되어야 한다고 제안하였다. 즉 초기 쌍무적 억제이론에서는 자신이 지각하는 보복의 두려움의 정도에 따라 힘을 행사할지 여부를 결정한다고 제안하였고, 마찬가지로 초기 갈등나선형이론에서도 자신이 지각하는 힘의 행사에 대한 유혹의 정도에 따라 힘의 행사여부가 결정된다고 하였으므로 두 이론 모두에서 힘의 행사에는 자신에 대한 지각만이 영향을 미친다고 제안했음을 알 수 있다. 그러나 Lawler는 상대방의 인지요소에 대한 지각(예상)이 힘의 행사에 미치는 영향도 고려함으로써 쌍무적 억제이론에서는 자신의 힘에 근거하여 상대방이 자신에게 공격할 가능성을 예상해서 힘을 행사할지 여부를 결정하게 되며, 갈등나선형 이론에서는 상대방의 힘에 근거하여 상대방이 자신에게 공격할 가능성을 예상한다고 제안하였다. Lawler에 의해 정교화된 두 이론에 따르면 보복에 대한 두려움과 힘을 행사하고자 하는 유혹 외에도 추가적인 인지적 요소가 존재하는데, 두 이론의 추가적인 인지적 요소는 공격에 대한 예상이 동일하게 제시되었지만 두 이론에서의 공격예상에 대한 근거는 서로 상이하다. 이러한 제안의 가정은 거래관계상의 거래당사자들이 자신과 상대방이 보유하고 있는 힘에 대한 정보를 갖고 있다는 점에 기초한 것이다.

앞에서도 언급했듯이 초기 두 이론에서는 힘이 불균형적인 경우에 대해서는 설명하지 못하고 있는데, Lawler는 두 가지 인지적 요소를 활용하여 힘이 불균형적인 경우에 대해서 힘과 힘의 행사 간의 관계에 대해서 설명하고 있다. 초기 두 이론을 수정하여 제시한 그의 이론들에 의하면, 힘의 균형상태에서는 두 가지 인지적 요소가 모두 작용하지만, 힘이 불균형상태일 경우에는 두 가지 인지적 요소가 힘의 우위 또는 열위상태에 따라 차별적으로 작용하며 차별적 적용형태 면에서 두 이론은 차이가 있다고 제시하였다. 즉 쌍무적 억제이론에 따르면 힘의 우위상태에 있는 거래당사자는 두 가지 인지적 요소 중 보복에 대한 두려움에 주로 근거하여 힘의 행사여부를 결정하는 반면에, 힘의 열위상태에 있는 거래당사자는 상대방의 공격에 대한 예상에 주로 근거하여 힘의 행사여부를 결정한다고 가정한다. 갈등나선형이론에 따르면 힘의 우위상태에 있는 거래당사자는 상대방의 공격에 대한 예상에 근거하여 힘을 행사하는 정도를 결정하지만 힘의 열위상태에 있는 거래당사자는 자신이 지각하는 힘을 행사하고자 하는 유혹에 근거하여 힘을 행사할지를 결정한다고 가정한다(Bacharach and Lawler 1981; Lawler 1986; Lawler, Ford and Blegen 1988).

이러한 가정을 이론별로 구체적으로 살펴보면, 먼저 쌍무적 억제이론은 갈등을 유발할 수 있는 비우호적 행위를 억제하는 힘의 기능에 초점을 맞추었고 이러한 기능이 인지적 요소로서 표현된 것이 '보복에 대한 두려움'이다. 또한 보복에 대한 두려움은 자신의 힘이 아닌 상대방의 힘에 의해 형성되는 것으로서 상대방의 힘이 자신보다 약한 경우 이러한 억제기능은 감소하게 되어 비우호적 행위를 할 가능성은 높아지게 된다. 반면에 힘의 열위상태에 놓인 거래당사자의 경우, 상대방의 힘이 증가하게 되어 보복에 대한 두려움이 증가함에도 불구하고 자신에게 피해를 줄 수 있는 비우호적 행위의 가능성이 높다고 지각하게 되고, 결과적으로 자신을 방어하기 위해 상대방이 힘을 행사하는 것을 억제해야 한다. 즉 쌍무적 억제이론에서는 억제기능을 수행하는 주요 인지적 요소로서 보복에 대한 두려움을 제시하고 있으므로, 상대방의 보복에 대한 두려움을 증가시키기 위해 상대방에게 선행적으로 힘을 행사하려할 것이라고 가정할 수 있다.

그러나 갈등나선형이론은 기본적으로 힘을 보유하고 있으면 힘을 행사하려고 할 것이라고 가정하며 힘이 증가하면 긴장이 증가하게 되고 결과적으로 거래관계에 부정적인 영향을 미칠 것이라고 제안한다(Deutsch and Krauss 1962). 그러나 이는 힘이 균형적인 상태를 가정하는 것으로서 오히려 힘이 불균형을 이루게 되면 관계상의 긴장이 감소하게 되어 관계가 보다 우호적으로 변할 수 있음을 제시하고 있다. 구체적으로 힘의 불균형상태를 살펴보면, 힘의 열위에 놓여지게 되는 거래당사자는 상대방에게 힘을 행사함으로써 얻게 되는 이득보다는 손실이 보다 많을 것이라고 생각함에 따라 상대방에게 힘을 행사하려고 하지 않을 것이며, 반면에 힘의 우위에 있는 거래당사자는 상대방에게 강압적이고 비우호적인 행위를 하지 않더라도 상대방이 자신의 의견에 순종할 것이라고 예상함에 따라 비우호적 행위를 자제하게 된다고 가정한다(Lawler 1986; Lawler and Bacharach 1988).

이와 같이 쌍무적 억제이론과 갈등나선형이론은 여러 가지 차이점이 있지만 상황에 대해서는 동일한 가정을 하고 있기 때문에 힘과 힘의 행사 간의 관계에 대한 대립되는 이론으로 제시될 수 있을 것이다. 그러나 두 이론은 기본적으로 힘에 관련된 이론으로서 본 연구에서 제시한 의존성과는 다른 개념을 대상으로 하고 있다. 따라서 힘과 관련된 두 이론을 의존성의 개념에 적용해도 되는지에 대한 고찰이 필요하다.

Emerson(1962)은 힘-의존성 이론(power-dependence theory)을 제시하면서 힘과 의존성의 관계에 대해 설명하였다. Emerson(1962)에 따르면 힘과 의존성은 동전의 앞뒤와 같다고 하면서 의존성은 힘의 역의 개념으로 보고 있고, 이러한 견해에 따르면 자신이 상대방에 대해 갖게 되는 힘의 크기는 상대방이 자신에게 갖게 되는 의존성에 의해 결정된다고 하였다. 따라서 힘에 관련된 두 가지 이론을 의존성의 개념에 적용하는 것은 방향만 달라질 뿐이며 결론은 마찬가지라고 할 수 있다.

이러한 견해는 Kumar, Sheer and Steenkamp(1995)의 연구에서도 이미 지지된 바 있는데, 그들은 힘과 힘의 행사 간의 관계를 설명한 이론들 중 하나인 쌍무적 억제이론을 의존성과 갈등 간의 관계에 적용하여 실증적 지지를 이끌어 냈으며 또한 Lawler and Bacharach(1987)의 연구에서도 의존성과 처벌력이 갈등에 미치는 영향은 동일하다는 견해를 제시함으로써 힘과 관련된 이론을 의존성의 개념에 적용할 수 있음을 보여주고 있다.

그러나 두 가지 이론을 의존성에 적용할 수 있다고 하더라도 두 가지 이론에서는 종속변수로서 전술행동(tactical action)을 제시하고 있음에 따라 의존성과 갈등 간 관계에 대한 이들 이론의 적용가능성을 떨어뜨릴 수 있다. 전술행동이란 상대방에게 영향을 미칠 의도로 행하는 행동이라고 정의 내릴 수 있는데(Bacharach and Lawler 1980; Lawler and Bacharach 1987), 마케팅 영역에서는 이와 유사한 개념으로서 영향전략(influence strategy)이 제시되었다(Boyle, Dwyer, Robisheaux and Simpson 1992; Gundlach and Cadotte 1994; Frazier and Rody 1991). 그러나 힘과 힘의 행사 간의 관계를 설명한 두 가지 이론은 기본적으로 갈등적 거래관계를 가정하고 있으므로 이에 근거하여 상대방에 대한 힘의 행사는 반드시 갈등을 유발한다고 볼 수 있다(Bacharach and Lawler 1981; Lawler 1986; Lawler, Ford and Blegen 1988).

제3장 연구가설

연구목적에서도 밝혔듯이 본 연구는 상호의존성과 갈등 간 관계에 대한 논리적 근거로서 대립되는 두 이론(쌍무적 억제이론과 갈등나선형이론)을 제시하여 이들 이론들을 토대로 기존 상호의존성과 갈등 간 관계에 대해 재조명하고자 한다. 이를 위해서 앞 절에서는 대립되는 두 이론에 대해 개별적으로 정리하였고, 본 절에서는 이러한 정리와 기존의 다양한 연구들을 토대로 상호의존성과 갈등 간의 관계를 새로운 시각에서 다루어 볼 것이다.

먼저 기업 간 상호의존성에 대한 기존 연구들을 간략하게 살펴보면, 상호의존성은 기본적으로 거래관계를 맺고 있는 거래당사자들이 상대방에 대해 지각하는 의존성에 의해 발생되며, 거래당사자들의 의존성을 합한 총합의 차원과 거래당사자들이 지각하는 의존성의 차이인 불균형성의 차원으로 구분할 수 있다(Antia and Frazier 2001; Geyskens, Steenkamp, Scheer and Kumar 1996; Gundlach and Cadotte 1994; Hibbard, Kumar and Stern 2001; Kumar, Sheer and Steenkamp 1995, 1998; Lusch and Brown 1996).

상호의존성에 대해 살펴보기 전에 상호의존성의 기본 구성요소인 의존성에 대해 먼저 살펴보면, 의존성이란 특정 기업이 자신의 기업목표를 달성하기 위해 거래관계를 유지하고자 하는 필요성의 정도로 정의된다(Anderson and Narus 1990; Buchanan 1992; Frazier 1983 등). 거래관계를 맺고 있는 거래당사자들은 대체로 상대기업에게 어느 정도 의존하게 되는 것이 일반적인 현상이며, 이러한 개별기업의 상대방에 대한 의존성은 쌍방적 의존구조(structure of dependence)를 형성하게 되고, 이러한 쌍방적 의존구조는 거래관계를 규정짓는 중요한 요소라고 할 수 있다(Coughlan, Anderson, Stern and El-Ansary 2001; Gundlach and Cadotte 1994).

그러나 의존성에 대한 대부분의 기존 연구들은 거래관계를 맺고 있는 기업들 중 일방에 대해서만 초점을 맞추었다. 예를 들어 Kale(1986)은 거래관계를 맺고 있는 거래일방의 힘(power)에만 연구의 초점을 맞추었고, Anderson and Narus(1990)와 Buchanan(1992)은 의존성의 상호성 개념에 대해 연구하였으나, 상대방에 대한 자신의 상대적 의존성(relative dependence)만을 측정함으로써 여전히 거래일방의 관점에서 의존성을 연구하였다. 또한 Frazier and Summers(1986)의 연구와 Frazier and Rody(1991)의 연구에서도 거래쌍방 중 일방의 의존성은 통계적으로 통제함으로써 나머지 거래당사자의 의존성을 직접적으로 살피지는 못했다. 이와 같이 기존의 의존성과 관련된 연구들이 거래당사자 중 일방에 대해서만 초점을 맞추어 왔던 한계점을 극복하기 위해서 Gundlach and Cadotte(1994), Kumar, Scheer and Steenkamp(1995) 등은 거래관계를 맺고 있는 거래쌍방의 의존성을 개별적으로 측정함으로써 상호의존성에 대한 정확한 개념정립을 시도하였다.

먼저 Gundlach and Cadotte(1994)의 연구를 살펴보면, 이들은 실제적인 거래가 아닌 제조업체와 유통업체가 존재하는 마이크로컴퓨터 산업을 가상한 거래상황(simulated channel setting)에서 상호의존성이 영향전략, 갈등 및 사업성과에 어떠한 영향을 미치는지를 살펴보았다. 상호의존성은 상호의존성의 총합과 상호의존성의 불균형성으로 구분하였으며, 이들 각각의 개념을 제조업체 및 유통업체의 의존성을 활용하여 정의하였다. 이들은 상호의존성과 갈등 간 관계에 대해서 명확한 이론적 근거를 제시하지는 못하였으며 기존 연구들을 토대로 설정된 연구가설을 분석한 결과 상호의존성의 총합과 관련된 연구가설들은 모두 지지되었으나, 상호의존성의 불균형성과 관련된 연구가설들은 유통업체측면에서만 제한적으로 지지되었다.

Kumar, Scheer and Steenkamp(1995)는 실제 거래상황(자동차 시장)에서 제조업체와 딜러(dealer)가 상대방에 대해 지각하는 의존성을 합한 총합과 의존성 간의 차이(절대값)가 갈등, 신뢰 및 몰입에 어떠한 영향을 미치는지를 살펴보았다. 이들은 Gundlach and Cadotte(1994)와는 달리 상호의존성이 갈등에 미치는 영향을 설명하기 위한 이론적 근거로서 쌍무적 억제이론을 제시하였다. 상호의존성의 측정에서도 자사 사업성과에 대한 거래상대방의 공헌도로서 측정한 Gundlach and Cadotte(1994)의 연구와는 구별되게 대체가능성(replaceability)으로서 상호의존성을 측정하였으며 실증분석결과 상호의존성의 총합과 불균형성이 갈등에 미치는 영향에 관한 연구가설들이 모두 지지되었다. 그러나 마찬가지로 쌍무적 억제이론에 근거한 Kumar, Scheer and Steenkamp(1998)의 연구에서는 상호의존성의 불균형성과 힘의 행사정도 간 관계는 실증적으로 지지되지 않았다. 이들 연구들에 이어서 상호의존성에 대해서 다양한 연구들(Antia and Frazier 2001; Geyskens, Steenkamp, Scheer and Kumar 1996; Hibbard, Kumar and Stern 2001; Lusch and Brown 1996 등)이 진행되었으나 상호의존성과 갈등 간의 관계에 대해서는 언급하지 않고 있으므로 본 연구에서는 이들 연구들에 대해 구체적으로 다루지 않을 것이다.

마케팅 영역에서 기업 간 상호의존성이 갈등에 미치는 영향에 대해서는 위에서도 언급했듯이 Kumar, Scheer and Steenkamp(1995, 1998)와 Gundlach and Cadotte(1994)의 연구가 존재한다. 그러나 Gundlach and Cadotte(1994)의 연구에서는 이들 관계에 대한 명확한 이론적 근거를 제시하지 못하고 있으며, Kumar, Scheer and Steenkamp(1995, 1998)의 연구에서는 쌍무적 억제이론만을 이론적 근거로서 제시하고 있으나 사회학 분야에서는 상호의존성과 갈등 간의 관계를 쌍무적 억제이론과 반대의 방향으로 설명하는 갈등나선형이론이 존재한다(Deutsch and Krauss 1962; Lawler 1986; Lawler and Bacharach 1988 등). 다음에서는 이들 상반된 이론에 근거하여 상호의존성의 각 차원(총합과 불균형성)과 갈등 간의 관계에 대해서 간략하게 언급하고 이러한 상반된 이론들에 근거하여 상호의존성과 갈등과의 관계에 대한 연구가설을 제시하고자 한다.

먼저 상호의존성의 총합(magnitude)과 갈등 간의 관계를 살펴보고자 한다. 상호의존성의 총합은 개별 거래당사자 각각이 상대방에 대해 지각하는 의존성의 합으로서 정의된다(Gundlach and Cadotte 1994; Kumar, Scheer, and Steenkamp 1995, 1998). 마케팅연구 분야에서 상호의존성의 총합과 갈등 간 관계에 관한 연구들로서는 Gundlach and Cadotte(1994)의 연구와 Kumar, Scheer, and Steenkamp(1995, 1998) 등의 연구들이 존재하는데, 이들 연구들에서는 공통적으로 상호의존성의 총합이 증가함에 따라 갈등이 증가한다는 견해를 제시하고 있다. 또한 Gundlach and Cadotte(1994)의 연구에서는 구체적인 이론적 근거를 제시하고 있지 않으며 Kumar, Scheer, and Steenkamp(1995, 1998) 등의 연구에서는 이론적 근거로서 쌍무적 억제이론을 제시하고 있다.

쌍무적 억제이론과 관련된 연구들에서는 쌍방 간 힘의 차이가 없다는 가정하에 힘의 총합이 힘의 행사에 미치는 영향에 대해서 주로 살펴보았다(Morgan 1977; Tedeschi and Bonoma 1977; Molm 1987 등). 이때 힘의 총합이 힘의 행사에 미치는 영향에 대한 근거를 살펴보면, 거래관계에 있는 거래당사자 중 일방(이하 A라고 지칭)의 힘이 증가하게 되면 상대방(이하 B라고 지칭)은 A를 공격할 경우 당할 보복에 대한 두려움이 증가하게 되어 A에 대한 힘의 행사를 자제하게 되고, 반대로 A는 자신의 힘이 증가하게 됨에 따라 B가 자신에게 공격할 가능성이 낮다고 예상하여 B에게 공격할 필요성을 느끼지 못한다는 것이다. 이러한 논리는 힘의 균형상태를 가정함으로써 힘의 행사주체가 A에서 B로 바뀌더라도 마찬가지로 적용될 수 있다. 따라서 갈등이 발생할 확률은 거래 당사자들이 지니는 보복에 대한 두려움과 상대방이 자신을 공격할 가능성에 따라 달라진다고 할 수 있다(Bacharach and Lawler 1981; Lawler 1986; Lalwer, Ford and Blegen 1988).

상호의존성의 총합수준이 높음은 거래당사자 각각이 상대방에 대해 영향을 미칠 수 있는 힘의 총합도 큼을 의미하므로 거래당사자들 중 특정 거래당사자의 힘이 커지면 나머지 거래당사자는 비우호적 행위에 대한 보복행위를 두려워하여 상대방에 대한 비우호적 행위를 자제하게 되고, 큰 힘을 갖는 거래당사자는 자신의 힘에 근거하여 상대방이 자신을 공격하지 않을 것이라고 예상하게 되어 상대방에게 비우호적 행위를 할 필요성을 느끼지 못하게 된다는 것이다(Lawler 1986; Lawler, Ford and Blegen 1988 등).

즉 쌍무적 억제이론은 기본적으로 상대방에게 비우호적 행위를 행하였을 경우 당할 수 있는 보복에 의해 자신의 성과가 낮아질지 모른다는 두려움에 초점을 맞춘 이론으로서 상대방의 힘이 큰 경우 상대방의 보복가능성이 높기 때문에 상대방에 대한 힘의 행사를 자제하게 된다고 제안하였다. 이 이론을 의존성의 측면에서 해석하자면 자신의 힘은 상대방의 의존성에 근거하는 것으로서(Emerson 1962), 상대방에 대한 자신의 의존성을 지각함에 따라 힘의 사용을 억제하는 것이라고 해석할 수 있다. 즉 자신의 의존성이 크기 때문에 상대방에게 비우호적 행위를 행사할 경우 상대방이 자신에게 필요한 자원의 철수(withdrawal) 등의 보복행위를 할 수 있고, 그에 따라 자신의 성과가 하락할 것이 두렵기 때문에 상대방에 대한 비우호적 행위를 억제하게 되고, 결과적으로 거래당사자 모두가 이러한 비우호적 행위를 억제하게 됨에 따라 갈등이 감소할 것이라는 연구가설을 제시할 수 있다.

가설 1: 상호의존성의 총합이 증가할수록 갈등은 감소할 것이다.

기존 상호의존성과 관련된 마케팅연구들에서는 상호의존성의 총합과 갈등 간 관계에 대한 이론적 근거로서 쌍무적 억제이론만을 제시하였으나 사회학 분야에서는 쌍무적 억제이론 외에 상호의존성의 총합과 갈등 간 관계를 설명할 수 있는 대안적 이론으로서 갈등나선형이론이 존재한다(Lawler 1986).

갈등나선형이론에 근거하여 힘의 총합이 힘의 행사에 미치는 영향에 대한 근거를 살펴보면, 힘이 균형상태에 있을 때 거래관계에 있는 거래당사자 중 일방(이하 A라고 지칭)의 힘이 증가하게 되면 A는 자신의 힘을 행사하고자 하는 유혹을 느끼게 되어 힘을 행사할 가능성이 커지고, 마찬가지로 상대방(이하 B라고 지칭)도 자신의 힘이 증가하게 되면 힘을 행사하고자 하는 유혹을 느끼게 되어 힘을 행사할 가능성이 커지게 된다는 것이다(Deutsch and Krauss 1962; Lawler 1986; Lalwer, Ford and Blegen 1988). 그러나 쌍무적 억제 이론의 경우와 마찬가지로 초기 갈등나선형이론은 거래당사자 중 일방만을 고려하는 한계점을 갖고 있는데, Lawler(1986), Lalwer, Ford and Blegen(1988) 등은 상대방의 지각도 고려하여 상대방의 공격에 대한 예상도 힘의 행사에 영향을 미칠 수 있다고 제안하였다. 공격에 대한 예상의 정의는 쌍무적 억제이론과 동일하나 쌍무적 억제이론에서의 상대방의 공격에 대한 예상이 자신의 힘에 근거한 것이라며, 갈등나선형이론에서는 상대방의 공격에 대한 예상이 상대방의 힘에 대한 지각에 근거한다는 점에서 구별된다.

갈등나선형이론에 따르면 거래관계에서 힘이 균형상태를 이룰 경우, 거래일방(A)의 힘이 증가하게 되면 자신의 힘을 행사하고자 하는 경향이 증가하게 되어 힘을 행사하게 되고, 또 다른 거래당사자(B)는 지각된 상대방(A)의 힘에 근거하여 상대방이 비우호적 행위를 할 가능성이 높다고 예상하여 상대방에 대해 비우호적 행위를 할 가능성이 증가한다는 것이다(Deutsch and Krauss 1962). 이러한 논리는 거래당사자가 바뀌더라도 마찬가지로 작용되며, 이러한 논리를 의존성 개념에 확장할 경우 상호의존성의 총합이 증가하면 갈등은 오히려 증가한다고 제안할 수 있다(Emerson 1962; Lawler 1986; Lawler, Ford and Blegen 1988). 그러나 마케팅 영역에서는 아직 갈등나선형이론에 근거하여 상호의존성과 갈등 간의 관계를 연구한 바 없다. 이에 본 연구에서는 갈등나선형이론에 근거하여 상호의존성의 총합과 갈등 간 관계에 대해서 대안적 가설을 제시하고자 한다.

즉 갈등나선형이론에 근거하여 상호의존성의 총합과 갈등 간의 관계에 대해 설명하면, 상호의존성이 증가함에 따라 거래당사자들 중 특정 거래당사자는 상대방의 의존성에 근거하여 상대방에게 비우호적인 행위를 하고자 하며, 또 다른 거래당사자는 자신의 의존성에 근거하여 자신에게 비우호적인 행위를 할 것이라고 예상하게 되어 자신을 방어하기 위해서 상대방에게 선행적으로 비우호적 행위를 하게 됨에 따라 갈등이 증가할 것이다(Lawler 1986: Lawler, Ford and Blegen 1988).

가설 1$_{alt}$: 상호의존성의 총합이 증가할수록 갈등은 증가할 것이다.

상호의존성의 불균형성은 개별 거래당사자 각각이 지각하는 의존성의 차이로서 정의된다(Gundlach and Cadotte 1994: Kumar, Scheer and Steenkamp 1995, 1998). 상호의존성의 불균형은 기본적으로 의존성의 구조를 나타내는 것으로서(Buchanan 1992), Gundlach and Cadotte(1994)에 의해 정의되기 전에도 개념적으로는 여러 연구들에서 제시된 바 있다(Buchanan 1992: Frazier and Summers 1986: Kale 1986).

상호의존성의 불균형성과 거래관계에 관한 초기 마케팅연구로서는 Buchanan(1992)의 연구가 있는데, 그는 의존성의 부정적인 측면에 초점을 맞추었던 기존 연구를 반박하며, 특정한 상황에서는 의존성이 기업의 성과에 긍정적인 영향을 미칠 수 있음을 제안하였고, 의존성이 균형을 이룰 경우 상대방에 대한 의존성의 증가는 기업의 성과를 증대시킨다고 하였다. 또한 Gundlach and Cadotte(1994)와 Kumar, Scheer and Steenkamp(1995, 1998) 등의 연구들에서도 상호의존성의 균형성이 갈등을 감소시킴에 따라 거래관계에 긍정적인 영향을 미칠 수 있음을 개념적으로 제시함과 동시에 실증적으로 분석하였다.

이들 상호의존성과 관련된 연구들 외에도 힘의 구조와 거래관계에 대한 연구들이 존재하는데, Cook and Emerson(1978)은 거래당사자 간 힘의 상대성에 대한 연구에서 상대적인 힘의 열위에 있는 기업은 상대방의 월등한 보복능력을 인식하여 상대에 대한 비우호적 행위를 자제하게 된다는 것이다. 또한 이와 유사하게 Frazier and Summers(1984, 1986)의 연구는 힘의 배분구조와 영향전략과의 관계에 대한 연구에서 힘의 구조가 불균형을 이룰 경우에 강자의 입장에 있는 기업은 거래관계상의 효과적인 조화를 이끌어낼 수 있음과 동시에 상대적으로 약자의 입장에 있는 기업들은 거래관계의 성과증대를 위해서 이들에게 우호적으로 반응하게 됨을 실증적으로 보여주었다. 이와 같이 상호의존성의 불균형성과 갈등 간 관계에 대해서 상반된 견해를 제시하는 기존 연구들이 존재하고 있으며, 이에 따라 본 연구에서는 상호의존성의 불균형성과 갈등 간 관계에 대해서 두 가지 이론(쌍무적 억제이론, 갈등나선형이론)에 근거한 상반된 연구가설을 제시하고자 한다.

 마케팅 분야에서 상호의존성의 불균형성과 갈등 간 관계에 대한 구체적인 이론적 근거를 제시한 연구들로서는 Kumar, Scheer and Steenkamp(1995, 1998) 등의 연구가 존재한다고 하였다. 이들은 쌍무적 억제이론을 이론적 근거로서 제시하였는데, 이 이론에 근거하면 상호의존성이 불균형을 이루게 됨에 따라 상대적으로 높은 수준의 힘을 지닌 기업이 존재하게 되고, 이러한 기업은 상대방에게 비우호적 행위를 하더라도 상대방에게 보복당할 가능성이 감소하게 되어 보복에 대한 두려움(fear of retaliation)이 감소하게 되며 이에 따라 비우호적 행위를 자제할 가능성이 감소하게 된다. 반대로 상대방에게 의존도가 높은 기업은 자신의 행위와 상관없이 상대방이 비우호적 행위를 할 수 있다고 생각하기 때문에 상대기업에 대해 매우 비우호적 성향을 갖게 된다. 따라서 상호의존성이 불균형을 이룰 때 거래당사자 모두의 비우호적 행위가 발생할 확률은 증가하게 되어 갈등이 증가할 것이라고 제안할 수 있다(Lawler 1986; Lawler, Ford and Blegen 1988 등).

가설 2: 상호의존성의 불균형성이 증가할수록 갈등은 증가할 것이다.

그러나 사회학 분야에서는 쌍무적 억제이론 외에 상호의존성의 불균형성과 갈등 간 관계를 설명할 수 있는 대안적 이론으로서 갈등나선형이론이 존재한다고 하였다(Bacharach and Lawler 1981; Lawler 1986; Lawler, Ford and Blegen 1988 등).

다양한 연구들(Deutsch 1973; Pruitt 1981; Rubin and Brown 1975; Youngs 1986)에서 갈등나선형 이론에 대해 설명하고 있는데, 기본적으로 거래당사자가 지닌 힘이 서로 균형을 이루고 있음을 가정한다. 이에 Lawler(1986)의 연구와 Lawler, Ford and Blegen(1988)의 연구에서는 갈등나선형 이론을 거래관계상에서 힘이 불균형을 이룰 경우에도 확장하여 설명하고자 했다.

그들에 따르면 거래관계에서 힘이 불균형을 이룰 때, 상대적으로 힘이 우월한 당사자는 상대방의 공격가능성이 낮다고 예상하여 상대방에 대해 비우호적 행위를 하지 않더라도 자신이 원하는 바를 얻을 수 있다고 믿게 되며, 결과적으로 비우호적 행위를 자제하게 된다. 또한 상대적으로 힘의 열위에 있는 당사자는 힘의 차이에 의해 상대방에게 비우호적 행위를 할 경우 자신의 성과가 증대되지 않을 것이라고 예상해서 상대방에게 비우호적 행위를 자제하게 되며 마찬가지로 비우호적 행위를 자제하게 된다. 결과적으로 거래당사자 모두의 비우호적 행위가 발생할 확률은 감소하게 되어 갈등이 감소한다는 것이다(Lawler 1986; Lawler, Ford and Blegen 1988). 또한 거래관계를 맺고 있는 개별 거래당사자들이 갖고 있는 힘이 유사할 때는 상대방에 대해 자신의 처벌력을 보임으로써 상대적 우위를 차지하기 위해서 상대방에 대한 비우호적 행위를 행사한다는 Gaski and Nevin(1985)의 연구도 이와 같은 맥락으로 해석할 수 있다.

이상과 같이 갈등나선형 이론은 처벌력과 갈등과의 관계에 대한 이론이다. 이는 쌍무적 억제이론도 마찬가지이나, Kumar, Scheer and Steenkamp(1995)의 연구에서도 언급했듯이, 힘의 원천이 의존성임을 제시한 기존 연구들에 근거하여, 두 이론을 의존성과 갈등과의 관계에 적용하는 것이 가능할 것이다. 따라서 갈등나선형 이론에 근거하여 상호의존성의 불균형성과 갈등 간의 관계를 설명해 보자면, 상호의존성의 불균형이 증가할수록 갈등이 감소하게 되는 이유는 의존성이 높은 거래당사자의 비우호적 행위성향의 감소와 의존성이 높은 상대방으로부터 공격당할 확률이 감소하기 때문이라고 할 수 있다(Lawler 1986; Lawler, Ford and Blegen 1988).

정리하자면 Lawler(1986), Lalwer, Ford and Blegen(1988) 등은 초기 갈등나선형이론을 활용하여 거래당사자 간 힘이 불균형을 이룰 경우에 어떠한 형태로 힘을 행사하는지도 살펴보았는데, 이때에도 힘의 총합이 힘의 행사에 영향을 미칠 경우 작용하는 두 가지 인지요소가 영향을 미치기는 하지만 힘의 열위 또는 우위에 따라 개별 인지요소의 중요도는 달라진다고 제안하였다. 갈등나선형이론에 따르면 힘의 우위에 있는 거래당사자는 주로 상대방의 공격예상에 의해 힘의 행사여부를 결정한다고 가정하는데, 자신이 힘의 우위에 있기 때문에 구태여 힘을 행사하지 않더라도 상대방으로부터 순종(compliance)을 이끌어 낼 수 있으므로 힘을 행사할 필요성을 느끼지 못하여 힘을 행사하지 않게 되며, 반대로 힘의 열위에 있는 거래당사자는 힘을 행사하여 얻을 이득이 적음을 알기 때문에 힘을 행사하고자 하는 유혹을 적게 느끼게 되고 결과적으로 힘을 행사하지 않을 것이라는 것이다. 결과적으로 갈등나선형에 이론에 따르면 거래당사자 모두가 힘을 행사하지 않게 됨에 따라 갈등은 감소하게 될 것이다.

가설 2_{alt}: 상호의존성의 불균형성이 증가할수록 갈등은 감소할 것이다.

지금까지 상호의존성의 두 차원인 총합과 불균형성이 갈등에 미치는 영향에 대해서 상반된 두 이론에 근거하여 연구가설을 제시하였다. 위의 연구가설들은 대부분의 기존 연구들에서 의존성과 갈등 간 관계를 가정하고 있는 것과 마찬가지로 상호의존성과 갈등 간 선형적 관계를 가정하고 있다.

그러나 서론에서도 밝혔듯이 상호의존성과 갈등 간 관계에 대한 이론적 근거로서 대립된 두 이론이 존재한다는 것은 상호의존성과 갈등 간 비선형적 관계가 존재할 수 있음을 보여주는 것이며, 더욱이 힘과 힘의 행사 간의 관계에 대한 초창기 연구로서 Hornstein(1965)의 연구는 이러한 가능성에 대한 실증적 근거를 제시하고 있다. 그의 연구는 쌍무적 억제이론에 근거하여 힘과 힘의 행사 간의 관계를 설정하고 실증분석을 실시하였는데, 분석결과 상호의존성과 힘을 행사하는 정도 간에는 선형적 관계를 보이지 않았다. 이에 본 연구에서는 상호의존성의 두 차원 중 상호의존성의 불균형성과 갈등 간 비선형적 관계를 개념적으로 제시하고자 한다.

본 연구에서는 상호의존성의 총합이 낮은 경우에 상호의존성과 갈등 간 관계에 대한 구체적인 연구가설을 제시하지 않았다. 상호의존성의 총합이 낮음은 거래관계의 단계상 아직 발전된 단계가 아님을 의미하고, 주로 거래관계의 초창기라고 볼 수 있으므로 이 단계에서는 개별 거래당사자의 향후 거래에 대한 다양한 시각에 따라 다양한 관계를 형성할 수 있으며 상호의존성 외의 다양한 요인들에 의해서 거래관계의 특성이 결정될 수 있다(Dwyer, Schurr and Oh 1987). 따라서 본 연구에서는 상호의존성의 총합이 높은 경우에 국한하여 나머지 상호의존성의 차원인 불균형성과 갈등 간 관계에 대해서 살펴보도록 하겠다.

전체적인 의존성이 높은 경우, 개별 거래당사자들은 현재 거래관계를 대체로 중요하게 생각하고 있으며 동시에 거래관계를 지속하고자 하지만 개별 거래당사자들의 의존성은 다를 수 있다(Dwyer, Schurr and Oh 1987; Kumar, Scheer and Steenkamp 1995, 1998 등). 따라서 상호의존성의 불균형성을 세 수준(낮음, 중간, 높음)으로 구분하여 각 수준에서 불균형성과 갈등 간 관계를 살펴볼 것이며 먼저 전체적인 의존성이 높으며 동시에 균형적인 경우를 살펴보도록 하겠다.

본 연구에서 기본적인 이론적 틀로서 제시한 쌍무적 억제이론과 갈등나선형이론은 전체적인 의존성이 높고 동시에 균형적인 경우에 대해서 서로 상반된 예측을 하고 있다. 즉 쌍무적 억제이론에서는 서로가 상대방에 대해서 갖게 되는 의존성이 높을 경우 이러한 의존성은 상대방에 대한 비우호적 행위를 억제하는 순기능적 역할을 수행하지만, 갈등나선형이론에서는 이러한 의존성이 상대방에 대해서 비우호적 행위를 하게 하는 역기능적 역할을 수행한다고 제안하였다(Bacharach and Lawler 1981; Lawler 1986; Lawler, Ford and Blegen 1988). 그러나 유통상황에서 상호의존성의 총합과 갈등 간 관계에 대한 대표적 연구들(Gundlach and Cadotte 1994; Kumar, Scheer and Steenkamp 1995, 1998)에서는 개념적으로나 실증적으로 모두 쌍무적 억제이론을 지지하고 있으며, 다른 연구들에서도 거래당사자들의 상대방에 대한 의존성이 모두 높은 경우에는 상대방에 대한 비우호적 행위를 자제할 것이라는 일관된 견해를 제시하고 있다(Anderson and Weitz 1992; Geyskens, Steenkamp, Scheer and Kumar 1996; Hibbard, Kumar and Stern 2001 등).

즉 상호의존성이 높음은 개별 거래당사자들이 자신의 성과를 위해 각각 상대방이 필요하다는 것을 의미하며, 거래당사자 모두가 거래상대방이 보유한 자원의 가치를 높이 평가함을 의미한다(Buchanan 1992; Dwyer 1984; Hibbard, Kumar and Stern 2001). 따라서 자신의 의존성에 근거하여 관계를 지속할 필요성이 증가하게 되고, 비우호적 행위에 대한 보복(필요한 자원의 철회(withdrawal))으로 자신의 성과가 하락할 것을 두려워하여 상대방에 대한 비우호적 행위를 자제하게 된다. 또한 자신의 의존성이 높은 경우에는 거래관계의 안정성과 확실성을 확보하기 위해서 상대방과의 조화를 위해서 최선을 다하게 되어 상대방에 대한 비우호적 행위를 자제하게 된다(Arndt 1979; Pfeffer and Salacik 1978).

그러나 갈등나선형이론은 상대방이 자신에 비해서 의존성이 높을 경우(자신의 힘이 더 클 경우) 자신의 성과를 증대하기 위해서 상대방에게 비우호적인 행위를 할 것이라고 제안하고 있으며, 자신의 의존성이 높음에 따라 상대방도 자신에게 비우호적인 행위를 할 것이라고 예상하게 되어 상대방에 대한 비우호적 행위의 가능성은 더욱 증가한다고 제안하였다 (Bacharach and Lawler 1981; Lawler 1986; Lawler, Ford and Blegen 1988). 이러한 견해는 자신의 높은 의존성에 대한 고려보다는 상대방의 높은 의존성을 보다 중시하고 있으며 자신의 의존성도 높음에 대해서는 별로 중시하지 않고 있는데, 이 경우 상대방에 대한 비우호적 행위시의 긍정적인 영향만을 고려한 것으로 부정적인 측면은 별로 고려하지 못하고 있는 한계점을 갖고 있다고 해석할 수 있다.

또한 Lawler 등이 제시한 쌍무적 억제이론과 갈등나선형이론은 기본적으로 힘과 힘의 행사 간의 관계에 대한 이론으로서 힘이 형성되는 과정에 대해서는 고려하지 않고 있다(Bacharach and Lawler 1981; Lawler 1986; Lawler, Ford and Blegen 1988). 그러나 거래관계상에서의 힘을 의존성으로서 해석할 경우(Emerson 1962), 거래당사자들의 의존성이 높은 수준으로 형성되기 위해서는 많은 노력과 투자가 필요하며 거래당사자들은 이제까지의 노력과 투자에 근거하여 관계를 지속하려고 할 것이다(Dwyer, Schurr and Oh 1987; El-Ansary and Stern 1972; Frazier 1983). 따라서 거래당사자들의 의존성이 모두 높은 경우에는 거래당사자 모두가 관계지속에 부정적인 영향을 줄 수 있는 비우호적 행위를 스스로 자제하게 되므로 전체적인 갈등수준은 낮을 것이다.

그러나 여전히 상호의존성의 총합이 높지만 개별 거래당사자들의 의존성이 불균형적으로 형성될수록 개별 거래당사자들의 관계에 대한 태도가 다르게 형성될 수 있다. 즉 상호의존성이 불균형적으로 형성될 경우 의존성이 상대적으로 높은 거래당사자와 의존성이 상대적으로 낮은 거래당사자가 존재하게 되는데, 상대적으로 의존성이 낮은 거래당사자는 여전히 관계 지속의지가 높더라도 상대적으로 자신의 우월한 위치에 근거하여 상대방에 비해 보다 높은 성과를 얻고자 하는 동기가 형성되며, 이에 따라 상대방에 대해서 다양한 요구를 하게 된다(Anderson and Narus 1990; Gaski 1984).

즉 상대방에 비해 높은 힘을 보유하게 되는 경우 상대방에 비해서 높은 거래성과를 획득하기 위해서 상대방에게 기회주의적으로 행동하고자 하는 동기가 발생한다(Kale 1986; Roering 1977; Wilkison and Kipnis 1978). 또한 거래성과가 증대할 경우 의존성이 낮은 거래당사자는 성과의 증대를 자신에게 귀인하게 되며, 의존성이 낮은 거래상대방에 귀인하지 않게 되어 결과적으로 상대방과의 우호적 관계형성에 대한 동기도 낮아지게 된다(Gundlach and Cadotte 1994; Lusch and Brown 1996; Robicheaux and El-Ansary 1975).

따라서 상호의존성이 전체적으로 높음에 따라 거래상에서 얻을 수 있는 이익의 크기가 커짐과 동시에 상대방이 거래를 지속할 것이라고 기대하게 되며, 결과적으로 상대방에 대해 힘의 행사를 억제할 필요성이 감소하게 되어 갈등이 발생할 가능성은 높아진다(Bacharach and Lawler 1981; Lawler 1986; Hibbard, Kumar and Stern 2001). 이러한 견해는 쌍무적 억제이론의 견해와 동일한데, 쌍무적 억제이론에 따르면 의존성이 낮은 거래당사자(힘의 우위에 놓인 거래당사자)는 상대방의 보복행위를 두려워하지 않게 되어 상대방에 대해서 비우호적 행위를 억제할 필요성을 느끼지 못하게 된다. 반면에 갈등나선형이론에서는 의존성이 불균형적으로 형성됨에 따라 의존성이 상대적으로 낮은 거래당사자는 단지 '힘의 우위'에 따라 상대방이 자신에게 순종(compliance)할 것이라고 기대하게 됨에 따라 상대방에 대해 힘을 행사할 필요성을 느끼지 못한다고 제안하였는데, 이는 기본적으로 상대방에 대한 우호적 기대가 형성된 경우에만 해당될 것이다(Geyskens, Steenkamp, Scheer and Kumar 1996). 이때 의존성과 관련된 기존 연구들에서는 의존성이 높은 거래당사자의 관계투자가 의존성이 낮은 거래당사자의 우호적 기대를 형성한다고 제안하고 있는데, 기본적으로 관계투자는 단기적으로는 손실을 초래할 수도 있으므로 대안적 거래관계가 존재할 경우에는 적극적인 관계투자가 이루어지지 않는다(Frazier, Gill and Kale 1989; Mishra, Heide and Cort 1998). 따라서 상대적으로 의존성이 높은 거래당사자의 의존성이 극단적으로 높게 형성되지 않은 경우에는 여전히 대안적 관계가 존재할 수 있으며 이에 따라 적극적인 관계투자가 이루어지지 않아서 갈등나선형이론의 견해가 지지되지 않을 수 있다.

또한 의존성이 높은 거래당사자는 상대방에 의한 착취(exploitation)에 대한 두려움이 크고 거래상대방이 자신의 이익에 대해서 관심을 갖고 있지 않다고 생각하며(Anderson and Weitz 1989; Anderson and Narus 1984; Kumar, Scheer and Steenkamp 1995), 이에 따라 관계불만족이 발생될 수 있으므로 감정적으로는 관계를 지속할 필요성을 느끼지 못하게 될 수 있다(Anderson and Weitz 1989; Anderson and Narus 1984). 그러나 여전히 자신의 전체 성과에 대한 현재 거래관계의 비중이 높기 때문에 거래관계를 지속하고자 해서(Kale 1986) 거래관계에 대해 수동적인 자세를 취하게 되며 능동적으로 상대방에 대해 비우호적 행위를 행하지는 않는다(Anderson and Narus 1990; Gaski 1984). 다만 상대방에 대한 의존성이 극단적으로 높게 형성되지 않은 경우 현재 관계 외의 대안적 관계가 존재하므로 상대방이 자신을 공격할 가능성이 높다고 예상할 경우에는 관계가 종료되더라도 자신의 현재 성과가 하락하는 것을 방지하기 위해서 상대방의 요구에 대해서 수용적 자세보다는 방어적 자세를 갖게 되고 결과적으로 상대방에 대해서 비우호적 행위를 행하게 되어 갈등이 발생될 가능성은 커진다(Buchanan 1992; Lawler 1986).

이와 같이 상호의존성의 불균형성이 증가하게 되면 기본적으로 갈등의 정도는 증가하게 될 것이며 마케팅 영역에서도 이와 같은 견해들의 연구들이 존재한다(Gundlach and Cadotte 1994; Kumar, Scheer and Steenkamp 1995, 1998). 그러나 실제 데이터를 활용하여 실증적으로 분석한 경우 일관되지 않은 결과를 보이고 있는데(cf. Gundlach and Cadotte 1994; Kumar, Scheer and Steenkamp 1998), 이들 연구에서는 쌍무적 억제이론에 근거하여 연구가설을 수립하였다. 이에 본 연구에서는 쌍무적 억제이론과 대립된 견해로서의 갈등나선형이론에 의해서도 상호의존성의 불균형성과 갈등 간 관계가 설명될 수 있음을 제시하고자 한다.

앞에서도 언급했듯이 상호의존성이 높고 균형적인 경우에는 거래당사자 모두가 관계를 우호적으로 지속하고자 함에 따라 상대방에 대한 비우호적 행위를 자제하게 되지만 상호의존성이 불균형적으로 형성됨에 따라 거래일 방(의존성이 상대적으로 낮은 거래당사자)의 기회주의적 동기에 따라 갈등 이 증가하게 된다(Kale 1986; Roering 1977; Wilkison and Kipnis 1978).

그러나 상호의존성의 불균형성이 극단적으로 형성됨에 따라 의존성이 높 은 거래당사자의 대안적 거래관계가 존재할 가능성이 매우 희박하게 되면 자신의 성과에 있어서 현재 관계의 유지는 필수적인 것이 된다(Buchanan 1992; Frazier 1993). 즉 의존성이 높은 거래당사자는 자신의 성과증대를 위한 상대방에 대한 적극적인 요구가 자신의 성과를 증대시켜주지 않을 것 임을 알고 있으며(Frazier, Gill and Kale 1989), 상대방에 대한 자신의 요 구가 오히려 관계를 악화시킬 수도 있으므로 관계를 지속하기 위해서 자발 적으로 자신의 행위를 제한하고 상대방과의 가치수렴에 최선을 다하게 된 다(Anderson and Weitz 1992; Tedeschi, Schlenker and Bonoma 1973). 이와 같은 견해는 갈등나선형이론의 견해와 동일한데, 갈등나선형이론에 의하면, 의존성이 높은 거래당사자가 상대방에 대해서 비우호적 행위를 행 할 경우 이득측면보다는 손실측면이 보다 많기 때문에 힘을 행사하고자하 는 유혹이 감소한다고 제안하였다(Bacharach and Lawler 1981; Lawler 1986; Lawler, Ford and Blegen 1988). 그러나 이러한 견해는 의존성이 극 단적으로 형성되지 않은 경우에도 해당되는 것으로서, 쌍무적 억제이론에 의한 반대되는 견해도 적용될 수 있을 것이다. 이에 갈등나선형이론에 대 한 보다 깊이 있는 이해가 필요할 것이다.

갈등나선형이론에서는 상호의존성이 불균형적으로 형성될 경우 갈등이 감소한다고 제안하였으며, 이와 같은 견해의 근거로서 상호의존성이 불균 형적인 경우에 의존성이 높은 거래당사자가 비우호적 행위를 할 가능성이 감소하게 되고, 이에 따라 의존성이 낮은 거래당사자는 상대방이 자신을 공격하지 않을 것이라는 예상에 근거하여 상대방에 대해서 비우호적 행위를 하지 않음을 제시하였다(Lawler 1986; Lalwer, Ford and Blegen 1988). 이때 의존성이 낮은 거래당사자는 상대방이 자신을 공격하지 않을 것임에 대해서 일종의 '확신'을 가져야 하는데, 이는 의존성이 높은 거래당사자의 적극적인 관계투자에 의해서 형성될 수 있다(Mishra, Heide and Cort 1998). 즉 적극적인 관계투자는 관계를 중요시함을 보여주는 것으로서 상대방이 적극적인 관계투자를 할 경우 관계의 지속을 위해서 자신에게 비우호적인 행위를 하지 않을 것이라고 확신할 수 있다(Anderson and Weitz 1992; Johanson and Mattson 1985).

그러나 이와 같은 적극적인 관계투자는 많은 비용을 초래할 수 있으므로 현재 관계외의 대안적 관계가 존재할 경우에는 이루어 질 가능성이 적으며, 대안적 관계가 존재할 경우 거래관계에 대해서는 기본적으로 수동적인 태도를 보이며 단지 관계가 지속되기만을 바라게 된다(Frazier, Gill and Kale 1989). 반면에 상대방에 대한 의존성이 극단적으로 높게 형성될 경우 대안적 관계가 존재할 가능성이 매우 낮아지게 되어 관계유지에 대해 보다 적극적인 자세를 취해야 하며(Buchanan 1992), 의존성이 낮은 거래당사자가 상대방에 대해서 비우호적 행위를 행하지 않기 위해서는 의존성이 높은 거래상대방이 보다 많은 관계투자를 함으로써 거래관계의 유지를 위해서 비우호적 행위를 하지 않을 것이라는 확신을 주어야 하므로 의존성이 높은 거래상대방은 상대방에 대해서 비우호적 행위를 하지 않음은 물론이거니와 거래관계에 대해서 적극적으로 투자할 것이다(Anderson and Weitz 1992; Johanson and Mattson 1985).

이와 같이 의존성이 높은 거래당사자의 관계유지를 위한 적극적인 투자는 거래관계상의 명확한 구조를 형성하게 되며, 이와 같이 상호의존성의 불균형이 일정수준 이상인 경우를 '명확한' 불균형상태라고 말할 수 있다(Mishra, Heide and Cort 1998). 이와 같은 명확한 상호의존성의 불균형상태가 갈등을 감소시킬 수 있다는 견해는 다른 연구들(Kipnis 1976; Rubin and Brown 1975; Tedeschi, Schlenker and Bonoma 1973)에서도 제시된 바 있는데, 이들은 거래당사자 중 거래 일방이 명확히 우월한(dominant) 위치를 차지하게 되면 오히려 안정적인 관계가 형성된다고 제안하였다. 보다 구체적으로 언급하자면, 상대적 의존성의 불균형성이 존재하기는 하나, '불명확한' 경우에는 상대방에게 자신의 우월한 위치를 인식시키기 위해 비우호적 행위를 행함에 따라 갈등이 발생할 확률이 높다. 하지만 의존성의 불균형이 매우 커지게 되면 상대적으로 의존성이 높은 기업의 경우 거래를 지속하기 위해 비우호적 행위를 자제하게 되지만, 반대로 상대적으로 의존성이 낮은 기업의 경우(상대적으로 높은 수준의 힘을 지닌 경우) 상대방이 비우호적 행위를 할 확률은 적다고 예측함에 따라 구태여 비우호적 행위를 행하지 않더라도 상대기업으로부터 얻고자 하는 바를 얻을 수 있기 때문에 비우호적 행위를 할 필요성을 느끼지 못하게 되어, 결과적으로 갈등이 발생할 확률은 감소하게 된다. 이러한 견해는 갈등나선형이론의 견해와 동일하다.

특히 유통경로상에서의 의존구조가 명확하게 설정될 경우 거래일방(의존성이 낮은 거래당사자)은 채널리더로서의 역할을 수행하게 되는데 채널리더가 보유한 명확한 힘이 거래관계상의 조화를 효과적으로 이끌어낼 수 있음을 보여준 연구들이 존재한다. 개념적인 연구로서는 Stern and Heskett(1969)의 연구가 대표적인데, 이들에 따르면 채널리더가 자신의 성과만을 고려하여 힘을 행사할 경우 전체적인 거래성과를 하락시켜 결국 자신의 성과도 하락시키는 결과를 초래할 수 있음을 제안하였으며, 실증연구들로서는 Frazier and Summers(1986)의 연구가 존재한다. 이들은 프랜차이즈 유통상황에서 본사의 힘이 클수록 가맹점들에 대한 비우호적 행위는 오히려 감소함을 실증적으로 보여주었고, Hunt and Nevin(1974)도 프랜차이즈 유통상황과 같이 경로구성원 간의 협력적 관계가 중요한 유통경로상황에서는 상대방에 대한 비우호적 행위는 되도록 자제하게 됨을 제안하였다. 이때 프랜차이즈 시스템은 의존성 구조가 명확한 대표적인 유통구조라고 할 수 있으며, 프랜차이즈 시스템과 관련된 기존 연구들의 견해를 활용할 수 있을 것이다.

이와 같은 견해들을 종합적으로 정리하자면, 상호의존성의 총합이 높은 경우 상호의존성의 불균형성을 세 수준(낮음, 중간, 높음)으로 분류하여 갈등과의 관계를 살펴보면 상호의존성의 불균형성과 갈등 간에는 역U형태적 관계를 보일 것이다.

가설3: 상호의존성의 총합이 높은 경우, 상호의존성의 불균형성과 갈등 간에는 역U형태의 관계를 갖게 될 것이다.

제4장 연구방법 및 분석결과

제1절 자료수집방법

본 연구는 유통경로구성원 간의 관계를 연구대상으로 삼고 있으며, 마케팅 영역에서 상호의존성과 갈등 간의 관계에 대해 연구한 기존 연구들과 마찬가지로 산업재 시장을 연구대상으로 설정하였다(Gundlach and Cadotte 1994; Kumar, Scheer and Steenkamp 1995). 구체적인 연구대상은 소방 관련 전문공사업체들과 공사재료 및 장비를 제공하는 업체들 간의 거래관계로서, 설문지 방법을 활용하여 거래를 맺고 있는 거래당사자 모두에게 자신 및 상대방에 대한 다양한 측면들에 응답하도록 하였다. 실제 자료수집과정을 구체적으로 언급하자면, 전체 58개 업체의 전문공사업체와 접촉하여 거래량기준으로 상위 3개 공급업체들에 대해서 응답하도록 하였고, 응답 후에는 상위 3개 공급업체명과 실제 업무담당자의 이름 및 연락처를 기재하도록 하였다. 다음으로는 총 151개 공급업체(23개 업체는 접촉불능)를 대상으로 해당 전문공사업체와의 관계에 대해 설문을 실시하였다. 회수된 설문지를 대상으로 거래관계상 대응되지 않는 업체들과 불성실한 설문지를 제거한 96개 거래관계 데이터를 실제 분석에서 활용하였다.

제2절 변수들의 측정

상호의존성에 대한 정의는 기본적으로 Kumar, Scheer and Steenkamp(1995)의 연구에서 제시된 정의를 따르고자 한다. 이들에 의하면 상호의존성은 상호의존성의 총합과 불균형성으로 나누어 볼 수 있으며, 이때 상호의존성의 총합은 개별 거래당사자 각각의 의존성을 합한 것이고, 상호의존성의 불균형성은 개별 거래당사자 각각의 의존성의 차이라고 정의하였다. 또한 이들은 의존성의 조작적 정의로서 '대체가능성'를 활용하여 3개의 항목을 제시하였고, 본 연구에서도 이들이 제시한 3개의 항목을 해당 시장에 적합한 항목으로 수정하여 7점 리커트 척도로 측정하였다. 또한 Kumar, Scheer and Steenkamp(1998)의 연구에서는 대체가능성과 함께 관계가치(value)도 의존성을 구성하는 측면이라고 제시하였는데, 본 연구에서도 대체가능성과 함께 관계가치측면도 고려하여 총 7개 항목으로서 의존성을 측정하였다.

또한 본 연구에서는 상호의존성과 관련된 기존 연구들과는 구별되게 의존성 및 의존성의 결과변수(본 연구에서는 갈등을 제시)에 대해서 개별 당사자 모두를 대상으로 자료를 수집하였다. 즉 Kumar, Scheer and Steenkamp(1995, 1998)와 Gundlach and Cadotte(1995)를 비롯한 상호의존성과 관련된 기존 연구들에서는 상호의존성이 개별 거래당사자들의 의존성에 의해 형성됨에도 불구하고 거래당사자들 중 일방을 대상으로 자신의 의존성 및 상대방의 의존성에 대해서 응답하도록 하였다. 이와 같은 응답방법은 자신의 의존성에 대해서는 비교적 정확한 응답을 도출할 수 있지만, 상대방의 의존성에 대해서는 자신의 관점에서 응답하기 때문에 자기지각오류(self-perception bias)가 발생될 수 있다(Kim and Hsieh 2003). 이에 본 연구에서는 개별 거래당사자들을 대상으로 자신 및 상대방의 의존성에 대한 지각 정도를 응답하도록 하여 이들 지각치들을 다양한 형태로 조합하여 각 형태별로 어떠한 차이를 보이는지를 살펴보고자 한다. 따라서 상호의존성의 불균형성은 다음과 같이 크게 세 가지 형태로 제시될 것이다.

1) 자신의 의존성에 대한 자신의 지각 정도 간 차이(depbb*/depss**)
2) 상대방의 의존성에 대한 자신의 지각 정도 간 차이(depbs***/depsb****)
3) 자신의 의존성에 대한 자신의 지각 정도와 상대방의 의존성에 대한 자신의 지각 정도 간 차이(depbb/depbs 또는 depss/depsb)

*   구매업체가 지각하는 자신의 의존성
**   공급업체가 지각하는 자신의 의존성
***   구매업체가 지각하는 공급업체의 의존성
****   공급업체가 지각하는 구매업체의 의존성

또한 상호의존성과 함께 본 연구에서 제시된 연구 구성개념인 갈등은 사회심리학의 영역에서 주로 연구되어 온 개념으로 매우 다양한 정의가 존재한다. 갈등의 초기 연구로서, Raven and Kruglanski(1970)의 연구에서 내린 갈등의 정의를 보면, 실제 혹은 기대되어지는 제반 반응들의 비 양립성으로부터 야기되는 둘 혹은 그 이상의 사회적 실체들(개인, 집단 혹은 더 큰 조직들) 간의 긴장상태라고 정의되었으며, 최근의 유통연구에서는 하나의 경로구성원이 자기의 목표들을 달성함에 있어 다른 경로구성원이 방해하거나 해롭게 하는 행동에 종사하고 있다고 지각하는 상태로서 정의하였다(Coughlan, Anderson, Stern and El-Ansary 2001). 또한 실증적 연구에서는 이러한 정의에 바탕을 둔 다양한 형태의 갈등을 제시하고 있는데, 갈등에 대한 대표적인 형태로서는 잠재적 갈등(latent conflict)과 명시적 갈등(manifest conflict)이 존재한다. Kumar, Scheer and Steenkamp(1995)의 연구에서는 갈등의 형태로서 지각된 갈등(perceived conflict)을 제시하였으나 정의상 명시적 갈등과 유사하며, Gundlach and Cadotte(1994)는 갈등의 감정(residual feelings of conflict)으로서 갈등을 측정하였으나, 갈등의 감정은 명시적 갈등 후의 갈등에 대한 지각치로서 명시적 갈등과 동일한 개념으로 볼 수 있다(Dwyer, Schurr and Oh 1987). 또한 Frazier and Rody(1991)의 연구에서도 나와 있듯이 잠재적 갈등은 단순히 거래횟수만 증가하더라도 증가할 수 있는 개념으로서 구체적인 갈등상태라고 하기 어렵다. 따라서 본 연구에서는 갈등의 형태로서 명시적 갈등을 제시하였으며, Brown and Day(1981)의 연구와 Frazier and Rody(1991)의 연구에서 제시한 개념을 토대로 소방산업의 전문가인터뷰 및 여러 차례의 사전조사를 통해서 총 10개 항목의 명시적 갈등을 구성하였다. 본 연구에서 활용한 측정 항목들은 〈표 2〉에 정리되어 있다.

〈표 2〉 측정항목들에 대한 정리

변 수 명	측정항목	관련연구
의존성 (7개 문항)	−관계가치 ① 거래업체의 중요성 ② 사업성과의 의존성 ③ 관계종료시 매출감소정도 −대체어려움(irreplaceability) ① 교체상의 어려움 ②③ 대안의 매력도(2개 문항) ④ 교체비용	Kumar, Scheer and Steenkamp(1995, 1998)
명시적 갈등 (10개 문항)	−다양한 거래측면에 대한 실제 논쟁 정도 (10개 측면) ① 재고관리 ② 가격결정 ③ 품질관리 ④ 납기설정 및 준수 ⑤ 고객관리 ⑥ 영업사원의 활동 및 지원 ⑦ 물량 공급 및 할당 ⑧ 각종 판촉활동 및 교육지원 ⑨ 반품지원 및 기타 지원 ⑩ 전반적인 경영지원	Brown and Day(1981); Frazier and Rody(1991)

제3절 실증분석

본 연구는 기본적으로 회귀분석을 통하여 연구가설을 검증할 것이며 두 응답집단인 구매업체집단과 공급업체집단을 구분하여 분석을 실시할 것이다. 연구가설의 검증에 앞서 본 연구에서 제시한 측정도구들에 대한 신뢰성 및 타당성 분석을 SPSS 10.0 통계패키지와 LISREL 8.30 패키지를 활용하여 실시하였다. 신뢰성 검증과 타당성 검증은 모두 두 단계로 이루어 졌는데, 신뢰성 검증을 위해서 먼저 SPSS 10.0 통계패키지를 활용하여 내적 일관성(internal consistency)분석을 실시한 후에 LISREL 8.30 패키지를 활용하여 CR(Composite Reliability)과 AVE(Average Variance Extracted)를 산출하여 측정항목들의 신뢰성을 분석하였다. 또한 타당성 검증을 위해 탐색적 요인분석(EFA: Exploratory Factor Analysis)을 실시하여 부적절한 항목들을 사전에 제거한 후 확증적 요인분석(CFA: Confirmatory Factor Analysis)을 실시하였다.

1. 신뢰성 및 타당성 검증(구매업체측면과 공급업체측면으로 구분)

먼저 제시된 측정항목들에 대한 신뢰성을 분석하였다. 신뢰성을 검증하기 위해서 먼저 크론바하 알파계수(cronbach's alpha)를 활용하여 내적 일관성(internal consistency)분석을 실시하였다. 〈표 3〉을 통해서도 알 수 있듯이 모든 측정항목들의 크론바하 알파계수는 .90 이상을 나타내고 있으며, 이는 Nunnally(1978)가 기준으로서 제시한 .70보다 훨씬 높으므로 모든 측정항목들의 내적 일관성은 충분하다고 결론내릴 수 있다.

〈표 3〉 내적 일관성 분석

연구변수	cronbach's alpha (구매업체)	cronbach's alpha (공급업체)
자신의 의존성	.9175	.9270
상대방의 의존성	.9374	.9290
명시적 갈등	.9646	.9758

다음으로는 타당성 검증으로서 먼저 SPSS 10.0 통계패키지를 활용하여 탐색적 요인분석을 하였다. 분석결과 구매업체집단과 공급업체집단 모두에서 대부분의 측정항목들이 제시된 요인들에 속하는 결과가 도출되었으며, 이들 항목들 모두를 포함시켜 확증적 요인분석을 LISREL 8.30패키지를 활용하여 실시하였다.

모든 측정항목들을 포함하고 확증적 요인분석을 실시하였으나, 전체적인 적합도 지수들이 매우 낮게 나왔고, 이에 따라 수정지수들(modification indices)에 근거하여 반복적으로 확증적 요인분석을 실시하였다. 최종적으로 일부 항목들을 제외한 확증적 요인분석의 결과는 〈표 4〉와 〈표 5〉에 정리되어 있다. 확증적 요인분석을 실시한 결과 카이제곱 적합도 지수(χ^2 goodness-of-fit index)는 통계적으로 유의하게 나왔으나($\chi^2 = 123.23$, p<.01; $\chi^2 = 170.93$, p<.01), 나머지 적합도 지수들은 대체로 양호하게 도출되었다. 표에서 알 수 있듯이 모든 측정항목들의 요인적재량들은 1%수준에서 통계적으로 유의미하며, 전체적인 적합도 지수들도 대체적으로 양호한 값들을 보이고 있다(구매업체집단; GFI=.85, CFI=.95, NFI=.88, NNFI=.94, RMSEA=.08, RMR=.07; 공급업체집단; GFI=.82, CFI=.95, NFI=.88, NNFI=.94, RMSEA=.097, RMR=.062). 단지 GFI와 NFI는 자료의 수에 민감하게 반응하는 적합도 지수들로서(Marsh, Balla and McDonald 1988; Silvia 1988), 본 연구에서는 상대적으로 표본수(96개 표본)가 적음에 따라 이들 적합도 지수들이 낮게 나왔다고 할 수 있다. 대신에 표본크기에 가장

영향을 덜 받는 지수인 NNFI는 상대적으로 높게 나왔고, CFI도 상대적으로 높은 값을 보여주고 있다. 그러나 여전히 몇몇 적합도 지수들은 상대적으로 낮은 값들을 보였기 때문에 추가적으로 Fornell and Larcker(1981)의 연구에서 제시한 절차에 따라 판별타당성 검증을 실시하였다. Fornell and Larcker(1981)의 판별타당성 검증절차를 간략하게 언급하면, 연구모델상의 개별 잠재변수(latent construct)들을 짝지어 각각 두 차례의 2요인 확증적 요인분석을 실시하며, 개별 요인분석 시 잠재변수간의 상관관계를 '1'로서 제약한 경우와 제약하지 않은 경우로 구분한다. 본 연구에서는 개별 응답 집단별로 세 개의 잠재변수들이 존재하며, 개별 잠재변수들에 대한 판별타당성 검증은 〈표 6〉과 〈표 7〉에 정리하였다. 표에서도 알 수 있듯이 개별 변수들을 동일한 것으로 간주한 경우(상관관계를 '1'로서 제약한 경우)에는 상대적으로 훨씬 낮은 적합도 지수를 보임은 물론이거니와 두 경우(제약한 경우와 제약하지 않은 경우)에서 도출된 χ^2의 증가분도 모두 유의미한 것으로 나타났다.

또한 추가적인 신뢰성 검증을 위해서 LISREL 8.30 패키지를 활용하여 CR과 AVE를 산출하였다. Fornell and Larcker(1981)가 제시한 방식으로 산출된 CR(Composite Reliability)은 〈표 4〉와 〈표 5〉에서와 같이 구매업체집단(.90-.94)과 공급업체집단(.91-.96) 모두에서 Fornell and Larcker(1981)가 제시한 기준인 .70보다 모두 높음을 알 수 있다. 또한 CR보다 더욱 보수적인 지표인 AVE값들에서도 구매업체집단(64%-75%)과 공급업체집단(67%-81%) 모두에서 Fornell and Larcker(1981)가 제시한 기준인 .50보다 모두 높음을 알 수 있다.

다음에서는 이와 같이 다양한 신뢰성검증 및 타당성검증을 통해 최종적으로 도출된 측정항목들을 활용하여 연구가설에 대한 실증분석을 실시하고자 한다.

<표 4> 측정모델(구매업체집단)

항　목	의존성(depbb)	의존성(depbs)	갈　등
1	.75(8.33)*	-	-
2	.79(8.93)	-	-
3	.83(9.64)	-	-
4	.80(9.10)	-	-
5	.82(9.52)	-	-
1	-	.81(9.30)	-
2	-	.78(8.87)	-
3	-	.90(11.05)	-
4	-	.88(10.53)	-
1	-	-	.81(9.50)
2	-	-	.84(9.97)
3	-	-	.87(10.57)
4	-	-	.95(12.21)
5	-	-	.86(10.36)
CR	.90	.91	.94
AVE	64%	71%	75%

* 괄호안의 값은 t값

〈표 5〉 측정모델(공급업체집단)

항　목	의존성(depss)	의존성(depsb)	갈　등
1	.71(　7.81)*	-	-
2	.77(　8.74)	-	-
3	.85(10.06)	-	-
4	.88(10.75)	-	-
5	.87(10.57)	-	-
1		.78(　8.79)	-
2	-	.85(10.13)	-
3	-	.90(11.08)	-
4	-	.81(　9.47)	-
5	-	.84(　9.90)	-
1	-	-	.90(11.21)
2	-	-	.90(11.19)
3	-	-	.90(11.26)
4	-	-	.89(11.17)
5	-	-	.93(11.84)
6	-	-	.88(10.89)
CR	.91	.92	.96
AVE	67%	70%	81%

* 괄호안의 값은 t값

〈표 6〉 2요인 확증요인분석(구매업체집단)

		$\phi(1,2)$*	$\phi(1,3)$	$\phi(2,3)$
비제약모형	GFI	.88	.89	.93
	CFI	.94	.96	.99
제약모형	GFI	.57	.51	.58
	CFI	.54	.60	.61
$\triangle$d.f.		1	1	1
$\triangle\chi^2$		220.17**	250.08	249.62

*　변수: depbb(1), depbs(2), 갈등(3)

** $\chi^2 \rangle 10.83(p\langle.001)$

<표 7> 2요인 확증요인분석(공급업체집단)

		$\phi(1,2)^*$	$\phi(1,3)$	$\phi(2,3)$
비제약모형	GFI	.86	.88	.89
	CFI	.93	.97	.98
제약모형	GFI	.48	.52	.50
	CFI	.54	.66	.64
Δd. f.		1	1	1
$\Delta\chi^2$		280.12**	297.94	333.88

* 변수: depss(1), depsb(2), 갈등(3)
** $\chi^2 \rangle$ 10.83(p$\langle$.001)

2. 가설검증

본 연구는 총 다섯 개의 연구가설을 제시하였고, 그중 네 연구가설은 연구가설과 대안적 가설들을 함께 제시하였다. 상호의존성의 두 차원과 갈등 간 선형적 관계는 기존 마케팅연구들에서 견해들에 근거한 연구가설과 사회학 분야에서 제시된 대립적 이론에 근거한 대안적 가설을 함께 제시하였고, 상호의존성의 불균형성과 갈등 간 비선형적 관계는 두 이론(쌍무적 억제이론, 갈등나선형이론)을 동시에 활용하여 제시하였다.

먼저 가설 1, 1_{alt}, 2, 2_{alt}에 대한 실증분석은 아래에 제시된 회귀식 1과 2를 활용하여 실시하였고, 연구가설 3에 대한 실증분석은 회귀식 1-1과 2-1을 활용하여 실시하였다. 또한 연구가설 3에서 제시한 바와 같이 상호의존성의 총합이 높은 경우 상호의존성의 불균형성이 갈등에 미치는 영향을 실증적으로 분석하기 위해 먼저 상호의존성 총합의 중간값(median: depbb+depbs=6, depss+depsb=6.6, depbb+depss=6.2, depbs+depsb=5.5)을 기준으로 상호의존성의 총합이 높은 집단을 파악하였으며, 변수의 측정부분에서 언급했듯이 본 연구에서는 의존성에 대한 측정을 다양한 형태로 실시하였으므로 각 의존성의 측정에 따라 결과가 다르게 도출되는지도 실증분석을 통해서 검증하였다.

또한 기존 상호의존성과 관련된 연구들에서는 상호의존성의 불균형성에 대한 다양한 조작적 정의방법을 제시하고 있는데, 다음과 같이 네 가지 형태로 구분할 수 있다. 첫 번째 방법은 개별 거래당사자들 중 일방의 의존성만을 고려한 방법(Heide 1994; Lusch and Brown 1996)으로서 이 방법은 상호의존성의 불균형성을 나타낸다고 보기는 어렵다(Kim and Hsieh 2003). 두 번째 방법으로는 Anderson and Narus(1990), Gundlach and Cadotte(1994) 등의 연구에서 활용한 상대적 의존성개념이 있으나, 이 방법에 의해서 상호의존성의 불균형성을 조작화할 경우 본 연구에서 제시한 2차 함수형태의 가설을 검증할 수 없으므로 본 연구에서는 이 방법에 의한 상호의존성의 불균형성 형태는 제외하고자 한다. 세 번째 방법으로는 Geyskens, Steenkamp, Scheer and Kumar(1996), Kumar, Scheer and Steenkamp(1995) 등의 연구에서 활용한 의존성 차이의 절대값 형태가 있으며, 회귀식 1과 1-1은 이 방법에 의해서 상호의존성을 정의한 경우에 해당된다.

마지막 방법으로는 Kumar, Scheer and Steenkamp(1998)의 연구에서 제시한 spline regression 방법으로서, 이 방법에 의해서 불균형성을 조작화할 경우 단순한 불균형성의 정도뿐 만 아니라 개별 당사자가 의존성이 높은 경우와 낮은 경우에 불균형성이 갈등에 어떠한 영향을 미치는지도 구체적으로 검증할 수 있다는 장점이 있다. 회귀식 2와 2-1은 이 방법에 근거한 경우에 해당된다.

이에 본 연구에서는 네 가지 형태로서 상호의존성의 총합과 불균형성을 제시함과 동시에 상호의존성의 불균형성에 대한 두 가지 형태의 조작적 정의에 따라 가설검증의 결과가 어떠한 양상을 보이는지를 검증함으로써 기존 유통연구들보다 폭넓은 분석결과를 제시할 수 있을 것이다.

연구가설을 회귀식으로 표현하면 아래와 같이 식 1에서 식 2-1로 표현될 수 있는데 종속변수는 명시적 갈등을 제시하였다. 식 1과 식 2는 상호의존

58

성의 총합 및 불균형성과 갈등 간 선형적 관계를 규명하기 위한 회귀식이
며, 식 1-1과 2-1은 상호의존성의 총합이 높은 경우에 상호의존성의 불균
형성과 갈등 간 비선형적 관계를 규명하기 위한 회귀식이다. 이때 식 1-1
의 제곱항($\beta_4{}^*A_1{}^2$)은 절대값으로서의 불균형성과 갈등 간의 역U형태를 검
증하기 위해 포함된 항으로서, 연구가설에서 제시된 바와 같이 상호의존성
의 불균형성과 갈등 간의 관계가 지지되기 위해서는 b_3은 양의 값으로서
유의미하여야 하고 b_4는 음의 값으로서 유의미하여야 하며, 식 2-1의 단순
항(b_8, b_9)과 제곱항(b_{10}, b_{11})도 마찬가지의 결과가 도출될 경우에 가설 3
이 지지될 것이다(Aiken and West 1991; Maltz and Kohli 1996). 회귀분
석은 SPSS 10.0 통계패키지를 활용하여 실시하였다.

식 1)　　$Y = \beta_1{}^*X + \beta_2{}^*A_1 + \varepsilon$

식 1-1)　$Y = \beta_3{}^*A_1 + \beta_4{}^*A_1{}^2 + \varepsilon$

　　　　　$Y = \text{manifest conflict}$

　　　　　$X = \text{magnitude}$

　　　　　$A_1 = \text{asymmetry}$

식 2)　　$Y = \beta_5{}^*X + \beta_6{}^*B_1 + \beta_7{}^*B_2 + \varepsilon$

식 2-1)　$Y = \beta_8{}^*B_1 + \beta_9{}^*B_2 + \beta_{10}{}^*B_1{}^2 + \beta_{11}{}^*B_2{}^2 + \varepsilon$

　　　　　$Y = \text{manifest conflict}$

　　　　　$X = \text{magnitude}$

　　　　　$B_1 = \text{power advantage based in dependence}$

　　　　　$B_2 = \text{power disadvantage based in dependence}$

　본 연구에서는 구매업체집단과 공급업체집단 모두로부터 획득한 자료를
활용하여 분석을 실시하였으며 또한 상호의존성의 불균형성을 의존성차이
의 절대값으로서 정의한 회귀분석과 spline regression 등의 두 방법에 의한

분석을 모두 실시하였다. 〈표 8〉과 〈표 9〉는 상호의존성의 불균형성을 의존성차이의 절대값으로서 정의한 경우의 회귀분석결과를 정리한 것으로서 구매업체집단에서 의존성을 구매업체 및 공급업체 자신의 지각치로서 측정한 경우에 상호의존성의 총합과 갈등 간 부적(negative) 관계를 보이는 결과를 나타내고 있는데, 이는 가설 1을 지지하는 결과이다. 그러나 의존성을 자신의 지각치로서 측정한 경우를 제외하고는 가설 1을 지지하지 않고 있으며, 상호의존성의 불균형성과 갈등 간 관계에 대해서는 의존성의 측정방법에 상관없이 가설 2와 2-1 모두를 지지하지 않고 있다. 반면에 공급업체집단에 대한 분석결과에서는 여전히 의존성을 자신의 지각치로서 측정한 경우에만 국한되지만 가설 1을 지지하고 있으며, 유의수준 10%수준이기는 하나 가설 2를 지지하는 결과를 도출하였다.

또한 Kumar, Scheer and Steenkamp(1998)의 연구에 근거하여 spline regression을 실시한 결과를 〈표 10〉과 〈표 11〉에 정리하였는데, 먼저 구매업체집단을 살펴보면, 〈표 8〉과 유사하게 의존성을 구매업체 및 공급업체 자신의 지각치로서 측정한 경우에 가설 1을 지지하는 결과를 보이고 있으며, 상호의존성의 불균형성과 관련된 특정 가설들을 일관되게 지지하지 않고 있다. 즉 구매업체 자신의 의존성과 상대방의 의존성을 구매업체로부터 측정한 경우 구매업체의 의존성이 높을수록 갈등이 감소하는 결과를 보이고 있는데 이는 갈등나선형이론의 견해를 지지해 주는 결과로서 가설 2-1의 견해를 부분적으로 지지하는 결과로 해석할 수 있다.

〈표 11〉은 공급업체집단을 대상으로 실시한 분석결과로서 〈표 10〉과 유사하게 의존성을 구매업체 및 공급업체 자신의 지각치로서 측정한 경우에 가설 1을 지지하는 결과를 보이고 있으며 유의수준 10%수준이기는 하나 공급업체의 의존성이 높을수록 갈등이 증가하는 결과를 보이고 있으며 공급업체의 의존성이 낮아지는 경우에는 유의미한 결과를 도출하지 못하였는데, 이는 쌍무적 억제이론에 근거한 가설 2를 부분적으로 지지하는 결과이다. 또한 구매업체의 의존성과 공급업체 자신의 의존성을 구매업체로부터

측정한 경우 공급업체의 의존성이 낮아지는 경우에만 갈등이 유의미하게 감소한다는 분석결과를 도출하였는데, 이는 갈등나선형이론의 견해와 동일한 것으로서 가설 2-1을 부분적으로 지지하는 분석결과로 해석할 수 있다.

〈표 8〉 회귀분석(구매업체)*****

dependence	독립변수	비표준화계수	표준화계수	t값
depbb ; depbs	magnitude asymmetry	-.077 -.120	-.105 -.083	-.968 -.765
	$R^2=.024(F=1.120; \ p \ =.331 \ )$			
depss ; depsb	magnitude asymmetry	-.097 -.144	-.131 -.103	-1.254 -.984
	$R^2=.033(F=1.586; \ p=.210)$			
depbb ; depss	magnitude asymmetry	-.248 .205	-.337 .147	-3.492*** 1.518
	$R^2=.133(F=7.115; \ p=.001)$			

* $p<0.1$, ** $p<0.05$, *** $p<0.01$
**** 종속변수: 구매업체가 지각하는 명시적 갈등

〈표 9〉 회귀분석(공급업체)*****

dependence	독립변수	비표준화계수	표준화계수	t값
depss ; depsb	magnitude asymmetry	-.127 -.121	-.155 -.078	-1.486 -.753
	$R^2=.035(F=1.684; \ p=.191)$			
depbb ; depbs	magnitude asymmetry	-.109 -.100	-.136 -.063	-1.256 -.579
	$R^2=.028(F=1.332; \ p=.269)$			
depbb ; depss	magnitude asymmetry	-.250 .294	-.307 .190	-3.173*** 1.960*
	$R^2=.127(F=6.794; \ p=.002)$			

* $p<0.1$, ** $p<0.05$, *** $p<0.01$
**** 종속변수: 공급업체가 지각하는 명시적 갈등

〈표 10〉 Spline regression(구매업체)*****

dependence	독립변수	비표준화계수	표준화계수	t값
depbb : depbs	magnitude	-.084	-.115	-1.104
	AdvDep*****	.160	.098	.887
	DefDep******	-.408	-.245	-2.247**
	$R^2=.103(F=3.526;\ p=.018)$			
depss : depsb	magnitude	-.096	-.130	-1.278
	AdvDep	-.237	-.171	-1.603
	DefDep	.354	.145	1.384
	$R^2=.087(F=2.939;\ p=.037)$			
depbb : depss	magnitude	-.247	-.336	-3.462***
	AdvDep	.182	.132	1.268
	DefDep	.289	.140	1.353
	$R^2=.135(F=4.791;\ p=.004)$			

* p<0.1, ** p<0.05, *** p<0.01
**** 종속변수: 구매업체가 지각하는 명시적 갈등
***** AdvDep(높은 의존성), ****** DefDep(낮은 의존성)

〈표 11〉 Spline regression(공급업체)*****

dependence	독립변수	비표준화계수	표준화계수	t값
depss : depsb	magnitude	-.127	-.154	-1.482
	AdvDep*****	.095	.035	.327
	DefDep******	-.162	-.105	-.967
	$R^2=.043(F=1.390;\ p=.251)$			
depbb : depbs	magnitude	-.117	-.145	-1.386
	AdvDep	-.395	-.214	-1.957*
	DefDep	.186	.103	.928
	$R^2=.096(F=3.249;\ p=.025)$			
depss : depbb	magnitude	-.250	-.307	-3.151***
	AdvDep	.315	.138	.1329
	DefDep	.288	.188	1.808*
	$R^2=.128(F=4.485;\ p=.006)$			

* p<0.1, ** p<0.05, *** p<0.01
**** 종속변수: 공급업체가 지각하는 명시적 갈등
***** AdvDep(높은 의존성), ****** DefDep(낮은 의존성)

다음으로는 가설 3을 검증하기 위해서 구매업체집단과 공급업체집단 각각의 응답치를 활용하여 회귀분석을 실시하였다. 회귀분석결과는 〈표 12〉에서 〈표 15〉까지 정리되어 있다.

〈표 12〉에서 〈표 13〉까지는 불균형성을 의존성 차이의 절대값으로서 정의하여 불균형성과 갈등 간의 역U형태를 검증하기 위해서 회귀분석을 실시한 결과로서 일관되게 자신이 지각한 자신의 의존성으로서 의존성을 측정한 경우에만 가설을 지지하는 결과(단순항은 양의 값을, 제곱항은 음의 값을 유의미하게 보여줌)를 보여주고 있다. 또한 이러한 결과는 상호의존성의 총합을 정의한 형태와는 상관없이 일관되게 보여주고 있음을 알 수 있다. 그러나 spline regression에 의한 분석결과들은 상호의존성의 총합을 정의한 형태별로 다소 상이한 분석결과를 보여주고 있는데, 상호의존성의 총합의 형태와 불균형성의 형태가 동일하지 않은 경우에는 가설에 대해서 부분적으로만 지지하는 결과를 보이는 반면 총합의 형태와 불균형성의 형태가 동일한 경우에는 가설을 전적으로 지지하는 결과를 보이고 있다(단 공급업체집단에서는 10% 유의수준).

〈표 12〉 회귀분석(구매업체: high magnitude)****

magnitude	asymmetry	독립변수	비표준화계수	표준화계수	t값
depbb : depbs	depbb : depbs	불균형성	-.235	-.142	-.291
		불균형성제곱	.040	.081	.166
		$R^2 = .005(F = .106;\ p = .899)$			
	depbb : depss	불균형성	1.087	.886	2.297**
		불균형성제곱	-.220	-.867	-2.250**
		$R^2 = .109(F = 2.687;\ p = .079)$			
	depsb : depbs	불균형성	.190	.101	.248
		불균형성제곱	-.130	-.211	-.520
		$R^2 = .015(F = .339;\ p = .714)$			
	depss : depsb	불균형성	-.053	-.037	-.084
		불균형성제곱	-.041	-.157	-.353
		$R^2 = .037(F = .847;\ p = .435)$			

magnitude	asymmetry	독립변수	비표준화계수	표준화계수	t값
depss : depsb	depbb : depbs	불균형성 불균형성제곱	-.021 -.033	-.018 -.128	-.044 -.317
		$R^2 = .021(F = .451 ;\ p = .640)$			
	depbb : depss	불균형성 불균형성제곱	1.472 -.279	1.328 -1.211	3.859*** -3.518***
		$R^2 = .262(F = 7.454 ;\ p = .002)$			
	depsb : depbs	불균형성 불균형성제곱	.157 -.005	.096 -.102	.225 -.237
		$R^2 = .001(F = .028 ;\ p = .972)$			
	depss : depsb	불균형성 불균형성제곱	-.206 -.004	-.203 -.022	-.408 -.045
		$R^2 = .051(F = 1.120 ;\ p = .336)$			
depbb : depss	depbb : depbs	불균형성 불균형성제곱	.017 -.058	.013 -.212	.037 -.590
		$R^2 = .040(F = .913 ;\ p = .409)$			
	depbb : depss	불균형성 불균형성제곱	1.428 -.288	1.297 -1.266	3.534*** -3.449***
		$R^2 = .224(F = 6.337 ;\ p = .004)$			
	depsb : depbs	불균형성 불균형성제곱	.941 -.245	.581 -.460	1.402 -1.110
		$R^2 = .049(F = 1.143 ;\ p = .328)$			
	depss : depsb	불균형성 불균형성제곱	-.013 -.027	-.012 -.137	-.028 -.312
		$R^2 = .022(F = .496 ;\ p = .613)$			
depsb : depbs	depbb : depbs	불균형성 불균형성제곱	.494 -.133	.352 -.331	.715 -.673
		$R^2 = .012(F = .256 ;\ p = .775)$			
	depbb : depss	불균형성 불균형성제곱	1.636 -.352	1.215 -1.072	3.461*** -3.053***
		$R^2 = .216(F = 6.065 ;\ p = .005)$			
	depsb : depbs	불균형성 불균형성제곱	.760 -.251	.433 -.443	1.045 -1.070
		$R^2 = .026(F = .581 ;\ p = .564)$			
	depss : depsb	불균형성 불균형성제곱	.216 -.059	.157 -.192	.375 -.457
		$R^2 = .005(F = .115 ;\ p = .892)$			

* p<0.1, ** p<0.05, *** p<0.01
**** 종속변수: 구매업체가 지각하는 명시적 갈등

〈표 13〉 회귀분석(공급업체: high magnitude)****

magnitude	asymmetry	독립변수	비표준화계수	표준화계수	t값
depbb ; depbs	depss ; depsb	불균형성 불균형성제곱	.081 -.048	.050 -.160	.112 -.356
		$R^2=.013(F=.288;\ p=.751)$			
	depbb ; depss	불균형성 불균형성제곱	1.189 -.234	.857 -.815	2.211** -2.103**
		$R^2=.100(F=2.454;\ p=.098)$			
	depsb ; depbs	불균형성 불균형성제곱	.388 -.071	.182 -.102	.347 -.250
		$R^2=.009(F=.201;\ p=.819)$			
	depbb ; depbs	불균형성 불균형성제곱	.553 -.171	.295 -.304	.606 -.624
		$R^2=.009(F=.195;\ p=.823)$			
depss ; depsb	depss ; depsb	불균형성 불균형성제곱	-.219 .038	-.173 .016	-.343 .033
		$R^2=.025(F=.537;\ p=.588)$			
	depbb ; depss	불균형성 불균형성제곱	1.634 -.272	1.183 -.945	3.362*** -2.685**
		$R^2=.229(F=6.241;\ p=.004)$			
	depsb ; depbs	불균형성 불균형성제곱	-.334 .206	-.164 .309	-.389 .731
		$R^2=.028(F=.597;\ p=.555)$			
	depbb ; depbs	불균형성 불균형성제곱	-.142 -.009	-.099 -.029	-.243 -.072
		$R^2=.016(F=.339;\ p=.715)$			
depbb ; depss	depss ; depsb	불균형성 불균형성제곱	.228 -.053	.202 -.258	.458 -.584
		$R^2=.009(F=.206;\ p=.815)$			
	depbb ; depss	불균형성 불균형성제곱	1.086 -.202	.942 -.845	2.408** -2.161**
		$R^2=.117(F=2.927;\ p=.064)$			
	depsb ; depbs	불균형성 불균형성제곱	.056 .128	.033 .229	.081 .558
		$R^2=.068(F=1.593;\ p=.215)$			
	depbb ; depbs	불균형성 불균형성제곱	-.429 .038	-.331 .134	-.925 .374
		$R^2=.047(F=1.078;\ p=.349)$			

magnitude	asymmetry	독립변수	비표준화계수	표준화계수	t값
depsb ; depbs	depss ; depsb	불균형성 불균형성제곱	-.184 .031	-.111 .082	-.264 .195
		$R^2 = .002(F = .045;\ p = .956\ )$			
	depbb ; depss	불균형성 불균형성제곱	1.877 -.350	1.154 -.880	3.311*** -2.527**
		$R^2 = .227(F = 6.473;\ p = .003)$			
	depsb ; depbs	불균형성 불균형성제곱	.125 .009	.059 .013	.141 .031
		$R^2 = .005(F = .112;\ p = .894)$			
	depbb ; depbs	불균형성 불균형성제곱	-.740 .199	-.437 .409	-.890 .834
		$R^2 = .018(F = .397;\ p = .675)$			

* $p < 0.1$, ** $p < 0.05$, *** $p < 0.01$
**** 종속변수: 공급업체가 지각하는 명시적 갈등

<표 14> Spline regression(구매업체: high magnitude)****

magnitude	asymmetry	독립변수	비표준화계수	표준화계수	t값
depbb ; depbs	depbb ; depbs	adep***** ddep****** adep의 제곱 ddep의 제곱	.292 -1.628 -.109 .346	.180 -.517 -.215 .247	.356 -1.218 -.447 .622
		$R^2 = .108(F = 1.276;\ p = .295)$			
	depbb ; depss	adep ddep adep의 제곱 ddep의 제곱	1.298 5.479 -.245 -2.374	1.106 .839 -.968 -.443	2.677** 2.002* -2.503** -1.131
		$R^2 = .198(F = 2.600;\ p = .050)$			
	depsb ; depbs	adep ddep adep의 제곱 ddep의 제곱	.389 -.997 -.246 .431	.187 -.522 -.348 .489	.419 -.855 -.872 .871
		$R^2 = .058(F = .647;\ p = .632)$			
	depss ; depsb	adep ddep adep의 제곱 ddep의 제곱	-.037 1.554 -.039 -1.221	-.027 .370 -.148 -.345	-.054 .836 -.309 -.835
		$R^2 = .057(F = .640;\ p = .637)$			

magnitude	asymmetry	독립변수	비표준화계수	표준화계수	t값
depss ; depsb	depbb ; depbs	adep	.411	.320	.627
		ddep	-.919	-.701	-1.666
		adep의 제곱	-.122	-.305	-.639
		ddep의 제곱	.120	.416	1.070
		$R^2=.177(F=2.144;\ p=.093)$			
	depbb ; depss	adep	1.403	1.344	3.809***
		ddep	4.960	1.306	1.798*
		adep의 제곱	-.255	-1.117	-3.317***
		ddep의 제곱	-2.183	-.730	-1.023
		$R^2=.364(F=5.720;\ p=.001)$			
	depsb ; depbs	adep	.559	.336	.663
		ddep	-.808	-.465	-.748
		adep의 제곱	-.204	-.356	-.773
		ddep의 제곱	.393	.481	.834
		$R^2=.044(F=.464;\ p=.762)$			
	depss ; depsb	adep	-.465	-.466	-.865
		ddep	.317	.166	.358
		adep의 제곱	.039	.206	.403
		ddep의 제곱	-.075	-.134	-.307
		$R^2=.100(F=1.107;\ p=.367)$			
depbb ; depss	depbb ; depbs	adep*****	.951	.583	1.272
		ddep******	-.224	-.190	-.466
		adep의 제곱	-.364	-.595	-1.409
		ddep의 제곱	.001	.005	.014
		$R^2=.107(F=1.261;\ p=.300)$			
	depbb ; depss	adep	1.292	1.195	3.141***
		ddep	2.564	1.387	4.229***
		adep의 제곱	-.237	-1.008	-2.796***
		ddep의 제곱	-.696	-1.201	-3.907***
		$R^2=.328(F=5.136;\ p=.002)$			
	depsb ; depbs	adep	1.215	.796	1.732*
		ddep	-.660	-.339	-.581
		adep의 제곱	-.363	-.663	-1.588
		ddep의 제곱	.477	.514	.950
		$R^2=.119(F=1.416;\ p=.245)$			
	depss ; depsb	adep	.079	.078	.161
		ddep	1.837	.463	1.058
		adep의 제곱	-.036	-.185	-.408
		ddep의 제곱	-1.038	-.368	-.915
		$R^2=.053(F=.589;\ p=.672)$			

magnitude	asymmetry	독립변수	비표준화계수	표준화계수	t값
depsb : depbs	depbb : depbs	adep	.797	.628	1.143
		ddep	-2.955	-1.022	-1.392
		adep의 제곱	-.253	-.647	-1.286
		ddep의 제곱	1.376	.791	1.151
		$R^2=.193(F=2.509;\ p=.056)$			
	depbb : depss	adep	1.419	1.173	2.883***
		ddep	2.246	.815	1.295
		adep의 제곱	-.294	-.920	-2.448**
		ddep의 제곱	-.424	-.232	-.386
		$R^2=.265(F=3.788;\ p=.010)$			
	depsb : depbs	adep	.969	.591	1.236
		ddep	.245	.121	.204
		adep의 제곱	-.314	-.536	-1.265
		ddep의 제곱	-.067	-.069	-.128
		$R^2=.043(F=.476;\ p=.753)$			
	depss : depsb	adep	-.142	-.099	-.233
		ddep	.664	.385	.817
		adep의 제곱	-.003	-.008	-.022
		ddep의 제곱	-.124	-.234	-.540
		$R^2=.066(F=.746;\ p=.566)$			

* p〈0.1, ** p〈0.05, *** p〈0.01
**** 종속변수: 구매업체가 지각하는 명시적 갈등
***** adep(높은 의존성), ****** ddep(낮은 의존성)

〈표 15〉 Spline regression(공급업체: high magnitude)****

magnitude	asymmetry	독립변수	비표준화계수	표준화계수	t값
depbb : depbs	depbb : depbs	adep*****	.713	.200	.457
		ddep******	.884	.483	.923
		adep의 제곱	-.512	-.324	-.788
		ddep의 제곱	-.237	-.412	-.831
		$R^2=.051(F=.567;\ p=.688)$			
	depbb : depss	adep	5.903	.799	1.848*
		ddep	1.454	1.095	2.569**
		adep의 제곱	-3.600	-.593	-1.469
		ddep의 제곱	-.271	-.949	-2.376**
		$R^2=.146(F=1.795;\ p=.148)$			

magnitude	asymmetry	독립변수	비표준화계수	표준화계수	t값
depbb : depbs	depsb : depbs	adep	-.123	-.057	-.091*
		ddep	.473	.202	.441
		adep의 제곱	.171	.171	.299
		ddep의 제곱	-.121	-.151	-.370
		$R^2 = .015(F = .163 ; \ p = .956)$			
	depss : depsb	adep	3.083	.649	1.480
		ddep	.383	.251	.502
		adep의 제곱	-2.773	-.693	-1.691*
		ddep의 제곱	-.094	-.316	-.664
		$R^2 = .075(F = .853 ; \ p = .500)$			
depss : depsb	depbb : depbs	adep	-1.419	-.868	-2.110**
		ddep	.073	.046	.091
		adep의 제곱	.191	.531	1.399
		ddep의 제곱	.000	.002	.004
		$R^2 = .213(F = 2.709 ; \ p = .044)$			
	depbb : depss	adep	-.102	-.022	-.027
		ddep	1.629	1.252	3.234***
		adep의 제곱	.944	.253	.324
		ddep의 제곱	-.274	-.963	-2.606**
		$R^2 = .231(F = 3.061 ; \ p = .027)$			
	depsb : depbs	adep	-1.413	-.652	-1.054
		ddep	-.221	-.106	-.211
		adep의 제곱	.741	.727	1.267
		ddep의 제곱	.120	.169	.368
		$R^2 = .054(F = .571 ; \ p = .685)$			
	depss : depsb	adep	.817	.344	.723
		ddep	-.328	-.264	-.478
		adep의 제곱	-.281	-.399	-.898
		ddep의 제곱	.031	.130	.249
		$R^2 = .056(F = .595 ; \ p = .668)$			
depbb : depss	depbb : depbs	adep*****	-.816	-.660	-1.653
		ddep******	-.726	-.425	-.945
		adep의 제곱	.091	.314	.862
		ddep의 제곱	.278	.433	1.045
		$R^2 = .140(F = 1.713 ; \ p = .165)$			
	depbb : depss	adep	1.838	.949	2.634**
		ddep	1.104	.975	2.331**
		adep의 제곱	-.529	-.872	-2.580**
		ddep의 제곱	-.182	-.737	-1.860*
		$R^2 = .188(F = 2.435 ; \ p = .062)$			

magnitude	asymmetry	독립변수	비표준화계수	표준화계수	t값
depbb : depss	depsb : depbs	adep	-2.031	-.996	-1.780*
		ddep	.490	.307	.695
		adep의 제곱	1.038	1.067	2.054**
		ddep의 제곱	-.041	-.071	-.178
		$R^2=.187(F=2.421;\ p=.063)$			
	depss : depsb	adep	1.449	.349	.792
		ddep	.353	.335	.687
		adep의 제곱	-1.237	-.419	-1.035
		ddep의 제곱	-.073	-.358	-.787
		$R^2=.042(F=.455;\ p=.768)$			
depsb : depbs	depbb : depbs	adep	-1.483	-.425	-.563
		ddep	-.084	-.055	-.097
		adep의 제곱	.043	.021	.029
		ddep의 제곱	.039	.008	.016
		$R^2=.149(F=1.838;\ p=.140)$			
	depbb : depss	adep	1.225	.368	.579
		ddep	1.670	1.142	2.779***
		adep의 제곱	.328	.149	.245
		ddep의 제곱	-.300	-.779	-2.051**
		$R^2=.250(F=3.497;\ p=.015)$			
	depsb : depbs	adep	-.875	-.356	-.595
		ddep	.270	.136	.283
		adep의 제곱	.457	.389	.716
		ddep의 제곱	-.062	-.088	-.205
		$R^2=.024(F=.260;\ p=.902)$			
	depss : depsb	adep	.522	.251	.520
		ddep	-.398	-.229	-.528
		adep의 제곱	-.170	-.265	-.598
		ddep의 제곱	.087	.205	.519
		$R^2=.028(F=.300;\ p=.876)$			

* $p<0.1$, ** $p<0.05$, *** $p<0.01$
**** 종속변수: 공급업체가 지각하는 명시적 갈등
***** adep(높은 의존성), ****** ddep(낮은 의존성)

3. 추가분석

지금까지 분석결과를 종합적으로 살펴보면 상호의존성의 총합이 높은 경우 불균형성이 갈등에 미치는 영향은 상호의존성의 총합형태에 상관없이 대체로 유사한 결과를 나타내고 있다. 이에 다음으로는 상호의존성의 총합이 높은 경우에 국한하여 네 가지 형태의 상호의존성의 총합을 평균값으로 변환하여 개별 불균형 행태별로 어떠한 분석결과를 나타내는지를 살펴봄으로써 본 연구에서 제시한 기존 분석결과에 대해 추가적으로 검증하고자 한다. 또한 이제까지는 개별 당사자들이 지각하는 갈등을 종속변수로서 제시하였으나 다음에서는 개별 당사자들이 지각하는 갈등의 평균값을 활용하여 양자 관계적(dyadic) 특성을 갖고 있는 상호의존성의 불균형성이 갈등에 미치는 영향을 살펴보고자 한다.

〈표 16〉 회귀분석(high magnitude)*

dependence	독립변수	비표준화계수	표준화계수	t값
depbb : depbs	불균형성 불균형성제곱	.194 -.058	.176 -.240	.457 -.625
	$R^2 = .011(F = .243;\ p = .785)$			
depbb : depss	불균형성 불균형성제곱	1.714 -.319	1.457 -1.078	4.678** -3.463**
	$R^2 = .376(F = 13.574;\ p = .000)$			
depsb : depbs	불균형성 불균형성제곱	.427 -.077	.275 -.151	.679 -.372
	$R^2 = .021(F = .488;\ p = .617)$			
depss : depsb	불균형성 불균형성제곱	.114 -.044	.107 -.209	.254 -.493
	$R^2 = .013(F = .299;\ p = .743)$			

* 종속변수: 거래당사자들이 지각하는 명시적 갈등의 평균값
** $p < 0.01$

〈표 16〉과 〈표 17〉은 이전 분석결과에 대한 추가적인 검증결과를 정리한 것으로서 본 연구에서 제시한 연구가설 3에 대해 보다 확실한 지지를 보여주고 있다. 표에서 알 수 있듯이 상호의존성의 총합이 높은 경우, 자신의 의존성에 대한 자신의 지각치로서 의존성을 측정한 경우에만 상호의존성의 불균형성과 갈등이 역U형태의 관계를 맺음을 보여주고 있다.

또한 〈그림 2〉에서 〈그림 4〉는 상호의존성의 총합이 높은 경우 상호의존성의 불균형성과 갈등 간 관계에 대해 도식화한 것이다. 상호의존성의 불균형성을 절대값으로 조작적 정의를 내릴 경우의 상호의존성의 불균형성과 갈등 간 관계를 도식화한 것이 〈그림 2〉인데, 그림에서도 알 수 있듯이 중간에서 다소 하락하는 형태를 보이고 있기는 하지만 전체적으로 역U형태를 보이고 있다. 〈그림 3〉은 특정 거래당사자가 자신의 의존성이 상대적으로 낮은 경우에 불균형성과 갈등 간 관계를 도식화한 것이고, 〈그림 4〉는 자신의 의존성이 상대적으로 높은 경우에 불균형성과 갈등 간 관계를 도식화한 것이다. 그림에서도 알 수 있듯이 자신의 의존성이 상대적으로 낮은 경우에는 명확한 역U형태를 보이고 있으나, 자신의 의존성이 상대적으로 높은 경우에는 여전히 비선형적 관계를 보이고는 있지만 3차 함수적 형태를 보이고 있다. 이는 자신의 의존성이 높은 경우에는 의존성이 균형적임에도 불구하고 지각하는 갈등수준이 높음을 보여주는 것으로서, 전반적인 의존성이 높은 공급업체집단의 가설 3에 대한 분석결과가 지지되지 않은 원인으로서 해석할 수 있을 것이다.

〈표 17〉 Spline regression(high magnitude)****

dependence	독립변수	비표준화계수	표준화계수	t값
depbb ; depbs	adep	.472	.417	.865
	ddep	-.886	-.726	-1.969*
	adep의 제곱	-.097	-.266	-.598
	ddep의 제곱	.108	.395	1.187
	$R^2=.293(F=4.456;\ p=.004)$			
depbb ; depss	adep	1.439	1.329	3.820***
	ddep	3.414	1.535	3.589***
	adep의 제곱	-.240	-.833	-2.549**
	ddep의 제곱	-1.093	-.843	-2.067**
	$R^2=.466(F=9.396;\ p=.000)$			
depsb ; depbs	adep	-.142	-.135	-.314
	ddep	1.089	.682	1.394
	adep의 제곱	.000	.001	.002
	ddep의 제곱	-.245	-.505	-1.114
	$R^2=.124(F=1.527;\ p=.211)$			
depss ; depsb	adep	.999	.668	1.668
	ddep	-2.004	-1.091	-2.059**
	adep의 제곱	-.279	-.522	-1.436
	ddep의 제곱	.954	1.089	2.209**
	$R^2=.248(F=3.538;\ p=.014)$			

* $p<0.1$, ** $p<0.05$, *** $p<0.01$
**** 종속변수: 거래당사자들이 지각하는 명시적 갈등의 평균값

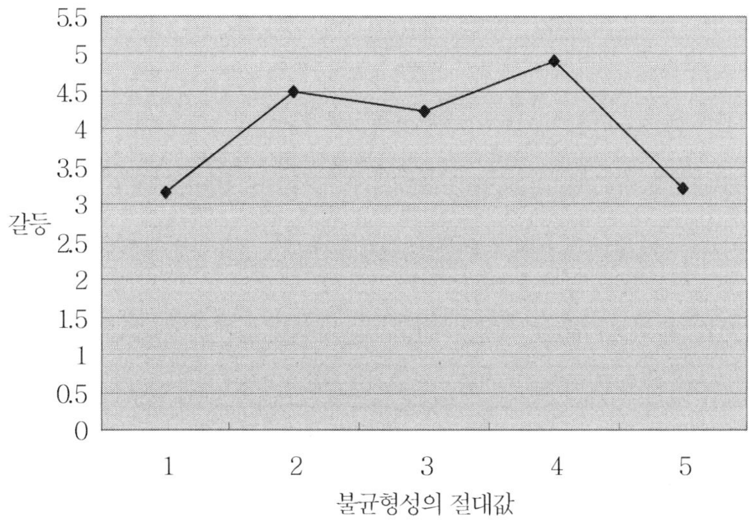

〈그림 2〉 불균형성의 절대값과 갈등 간 관계

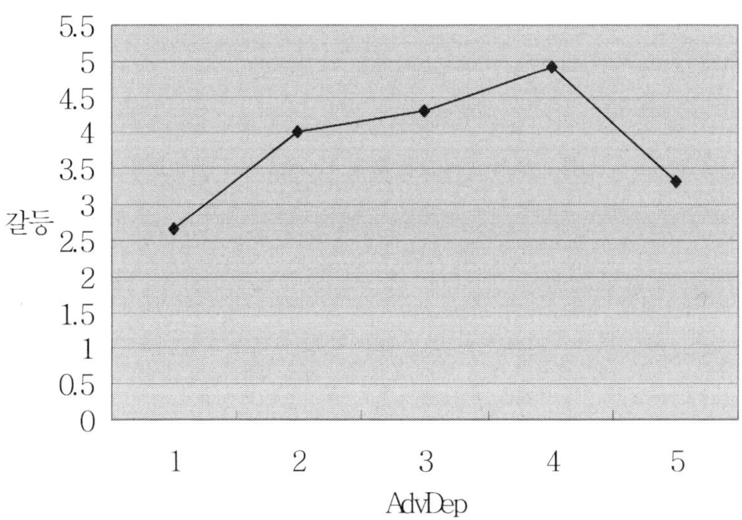

〈그림 3〉 Spline regression(AdvDep)

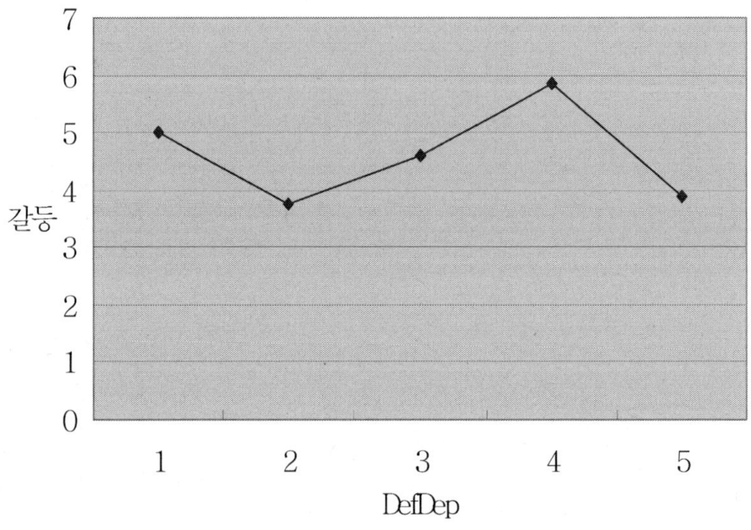

〈그림 4〉 Spline regression(DefDep)

제5장 결 론

제1절 연구결과의 요약 및 의의

의존성은 유통경로상에 존재하는 기본적인 특성으로서 의존성이 존재하지 않는 유통경로는 존재하지 않는다(Coughlan, Anderson, Stern and El-Ansary 2001). 유통연구 분야에서의 상호의존성에 대한 연구는 그 자체로서 의의를 갖고 있으나, 대부분의 기존 연구들은 과거 Emerson(1962)이 제시한 개념적 정의를 그대로 따르고 있다. 최근 유통경로구성원 간의 관계에 대한 다양한 연구들(Antia and Frazier 2001; Hibbard, Kumar and Stern 2001 등)에서 제시한 연구모델들에는 의존성 개념이 포함되어 있지만 의존성에 초점을 둔 연구들은 별로 존재하지 않는다. 본 연구에서는 유통연구의 기본 개념이라고 할 수 있는 의존성 개념에 대한 중요성을 다시 강조하고, 기본적인 거래형태인 양자적 거래관계(dyadic relationship) 속에서 의존성 개념을 확장시킨 상호의존성 개념을 재조명하고자 하였다.

실제 분석은 회귀분석을 활용한 단순한 분석과정을 수행하였으며, 분석결과를 요약하면 다음과 같다. 본 연구에서는 12 총 5개의 연구가설을 제시하고 있으나 실제로는 3개의 연구가설이 존재한다. 가설 1과 1-1은 상호의존성의 총합과 갈등 간 관계에 대한 대안적 연구가설들로서 가설 1은 쌍무적 억제이론에 근거하여 상호의존성의 총합과 갈등 간 정적(positive) 관계를 나타낸 것이고 가설 1-1은 갈등나선형이론에 근거하여 부적(negative) 관계를 나타낸 것이다. 또한 가설 2와 2-1은 상호의존성의 불균형성과 갈등 간 관계에 대한 대안적 연구가설들로서 가설 2는 쌍무적 억제이론에 근거하여 상호의존성의 불균형성과 갈등 간 부적 관계를 나타낸 것이고 가설 2-1은 갈등나선형이론에 근거하여 정적 관계를 나타낸 것이다.

마지막으로 가설 3에 따르면 상호의존성의 총합이 높은 경우 상호의존성의 불균형성과 갈등 간에는 역U형태의 관계를 형성할 것이라고 제안하였다.

본 연구에서는 이상의 연구가설들을 실증적으로 검증하기 위한 자료로 기존 상호의존성 연구들과 구별되게 거래당사자 각각에게 자신의 의존성과 상대방의 의존성에 대해 응답한 자료를 수집하였으며, 이들 응답치들을 활용하여 네 종류의 상호의존성 총합형태와 불균형성형태로 구분해서 실증분석을 실시하였다. 개별 거래당사자가 지각하는 갈등을 종속변수로 제시하여 실시한 실증분석결과에 따르면, 다양한 의존성 형태들 중 자신(구매업체 또는 공급업체)의 의존성에 대한 자신의 지각 정도로서 의존성을 측정한 경우에만 일관되게 연구가설을 지지하고 있으며, 추가적으로 개별 거래당사자의 갈등을 평균값으로 변환하여 실시한 분석결과에서도 이전 분석결과를 더욱 확실하게 지지하고 있음을 알 수 있다. 분석결과들에 대해서 구체적으로 살펴보면 다음과 같다.

먼저 상호의존성의 총합과 갈등 간 관계를 살펴보면, 회귀식의 종류와 상관없이 구매업체집단이나 공급업체집단 모두에서 의존성의 측정 시 자신의 의존성에 대한 자신의 지각치로서 의존성을 측정한 경우 상호의존성의 총합이 증가함에 따라 갈등이 감소하는 결과를 보여주고 있는데, 이는 쌍무적 억제이론의 견해를 지지하는 것으로 연구가설 1을 지지하는 결과이다. 이러한 결과는 기존 유통연구의 실증분석결과와 일치한다(Gundlach and Cadotte 1994; Kumar, Scheer and Steenkamp 1995, 1998).

그러나 이와는 상반되게 상호의존성의 불균형성과 갈등 간 관계는 다양한 분석결과를 보여주고 있다. 상호의존성의 불균형성을 개별 거래당사자들이 지각하는 의존성 차이의 절대값으로 정의한 경우 구매업체집단에서는 유의미한 결과를 도출하지 못하였고 단지 공급업체집단에서만 10% 유의수준에서 상호의존성의 불균형성이 증가함에 따라 갈등이 증가하는 결과를 보여주고 있는데, 이는 쌍무적 억제이론의 견해를 지지하는 것으로서 연구가설 2를 지지하는 결과이다. 이러한 결과는 기존 유통연구의 실증분석결과와 일치한다(Gundlach and Cadotte 1994; Kumar, Scheer and Steenkamp 1995, 1998).

또한 Kumar, Scheer and Steenkamp(1995)의 연구에서 제시한 절차대로 spline regression을 실시한 경우에도 기존 연구와 다소 다른 결과들을 보여주고 있는데, 먼저 구매업체집단의 경우 다양한 의존성의 측정방법들 중에서 자신의 의존성과 상대방의 의존성에 대한 자신의 지각치로서 의존성을 측정한 경우에만 유의미한 결과를 도출하였는데, 자신의 의존성이 높을수록 갈등이 감소하는 결과를 보여주고 있다. 이는 갈등나선형이론의 견해와 동일한 것으로서 가설 2-1을 부분적으로 지지하는 것이다. 또한 공급업체 집단에서는 다양한 의존성의 측정방법들 중에서 자신의 의존성에 대한 자신의 지각치로서 의존성을 측정한 경우 자신의 의존성이 높을수록 갈등이 증가하는 결과를 보여주고 있는데, 이는 쌍무적 억제이론의 견해와 동일한 것으로 가설 2를 지지하는 것이다. 그러나 자신 및 상대방의 의존성을 구매업체의 지각치로서 측정한 경우에는 공급업체의 의존성이 낮아질수록 갈등이 감소하는 결과를 보여주고 있는데, 이는 갈등나선형이론의 견해와 동일한 것으로 가설 2-1을 지지하는 것이다. 이와 같이 분석기법이나 의존성의 측정방법에 따라 상호의존성의 불균형성과 갈등 간 직접적 관계에 대한 분석결과는 다양한 양상을 보이고 있는데, 기존 유통연구들의 결과도 연구들마다 상이한 모습을 보였다. 이는 상호의존성의 불균형성과 갈등 간 관계에 대한 재조명이 필요함을 의미하는 것으로서 본 연구에서는 이를 위해서 연구가설 3을 제시하였다.

마지막으로 연구가설 3에 대한 실증분석결과를 살펴보도록 하겠다. 먼저 상호의존성의 총합이 높고 상호의존성의 불균형성을 개별 거래당사자들의 의존성 간 절대차이로서 조작적 정의한 경우를 살펴보면, 상호의존성의 기본 개념인 의존성에 대한 측정 시 자신이 지각하는 자신의 의존성 및 상대방의 의존성을 개별 거래당사자로부터 응답하도록 하여 총 네 가지의 상호의존성의 총합형태와 불균형성 형태를 제시하였고, 개별 형태별 가설검증을 실시하였다. 실증분석결과 상호의존성의 총합형태와 상관없이 상호의존성의 불균형성을 자신의 의존성에 대한 자신의 응답치로서 측정한 경우에만 일관되게 가설을 지지하는 결과를 보이고 있으며, 이는 여러 불균형성의 형태들 중 자기지각에 의한 오류(self-perception bias)가 가장 적은 형태라고 할 수 있으며(Kim and Hsieh 2003), 이 경우에만 가설이 지지되었음은 기존 상호의존성과 관련된 연구들(Gundlach and Cadotte 1994; Kumar, Scheer and Steenkamp 1995, 1998 등)에서 제시한 견해들과는 차별점을 보여주는 것이라 할 수 있다.

또한 spline regression을 실시한 결과 여러 상호의존성의 총합형태들과 불균형성 형태들 중 자신의 의존성에 대한 자신의 지각치로 측정한 경우에만 연구가설을 지지하는 결과를 도출하였는데, 이는 상호의존성의 총합에 대한 측정에 있어서도 자신의 의존성에 대한 자신의 지각치로 의존성을 측정해야 함을 보여주는 것으로서, 의존성을 절대적 차이(absolute difference)로서 조작적 정의한 경우에는 발견되지 않은 부분이다. 이를 통해서 spline regression을 실시했을 경우에는 거래당사자의 의존성 정도에 따른 상호의존성의 불균형성과 갈등 간 관계를 보다 심층적으로 밝힐 수 있음을 시사하는 것으로서, 보다 바람직한 분석기법이라고 할 수 있다. 이러한 분석결과들은 기존 연구들에서 발생했을 가능성이 있는 자기지각오류를 최소화 한 분석결과로서 본 연구에서 제시한 연구가설 3이 지지되었음을 보여주는 것이다. 다음으로는 본 연구의 의의를 학문적 차원과 실무적 차원으로 구분하여 간략하게 언급하고자 한다.

상호의존성과 갈등 간의 관계에 대해서 기존 연구들(Gundlach and Cadotte 1994; Kumar, Scheer and Steenkamp 1995, 1998)에서 상반된 분석결과들을 제시하고 있는데, 본 연구에서는 마케팅 분야가 아닌 사회학 분야에서 개발된 이론들을 활용하여 상호의존성과 갈등 간 관계에 대해 새로운 시각으로 접근하고자 하였다. 이를 위해서 먼저 상호의존성의 두 차원(총합, 불균형성)과 갈등 간 관계를 쌍무적 억제이론과 갈등나선형이론에 근거하여 상반된 가설들을 개념적으로 제시하고 실제 데이터를 활용하여 검증하였다.

또한 상호의존성과 관련된 기존 연구들에서는 상호의존성의 두 차원인 상호의존성의 총합과 불균형성을 독립적으로 제시하였으나 본 연구에서는 상호의존성의 총합과 불균형성이 갈등에 대해서 상호작용효과를 갖고 있음을 개념적이고 실증적으로 보여주고 있다. 마찬가지로 기존 연구들에서는 상호의존성과 다양한 결과변수 간에 선형적 관계를 가정하고 있는데, 본 연구에서는 상호의존성의 불균형성과 갈등 간에 비선형적 관계를 갖고 있음을 보여주고 있다. 이러한 결과는 기존 상호의존성에 대한 견해와 상반된 견해로서 향후 상호의존성 연구에 대한 새로운 초석이 될 수 있을 것이다.

마지막으로 Gundlach and Cadotte(1994), Kumar, Scheer and Steenkamp(1995, 1998) 등의 연구들은 거래당사자 중 일방의 의존성만을 고려하였던 과거 연구들과 달리 거래당사자 모두의 의존성을 포함한 개념인 상호의존성 개념을 제시하여 기존 의존성에 관한 연구들을 발전시켰으나, 자료수집 시 거래당사들 중 일방에게 자신의 의존성 및 상대방의 의존성을 응답하도록 함으로써 실제적인 상호의존성을 측정하지 못하였다(Kim and Hsieh 2003). 본 연구에서는 거래당사자 모두에게 자신의 의존성 및 상대방의 의존성에 대해 응답하도록 하여 실제적인 상호의존성 개념을 측정하고자 하였다. 따라서 기존의 연구들의 분석결과들은 자기지각오류(self-perception bias)에 의해 왜곡된 결과일 가능성이 있으며 본 연구에서는 이와 같은 왜곡을 최소화하여 실제 거래관계를 정확하게 반영하고자 하였다.

본 연구는 상호의존성과 갈등 간 관계에 대한 다양한 기존 연구들을 토대로 학문적으로 재조명하고자 함을 주요 연구목적으로 삼고 있으므로 다양한 학문적 의의를 갖고 있으나, 상호의존성과 갈등 등의 중요하지만 단순한 개념들만을 제한적으로 제시함에 따라 실제 실무적 활용측면에서 가지는 의의가 미흡하다고 할 수 있다. 그러나 본 연구는 상호의존성의 불균형성에 대해서 기존 연구들에서 제시한 견해와 상이한 견해를 제시함으로써 가지는 실무적 의의는 다음과 같다.

예를 들어 Kumar, Scheer and Steenkamp(1995)는 추가분석에서 완전히 균형적인 거래관계에서 긍정적 거래성과를 보이고 있음을 제시하며 실제 거래관계에서도 균형적인 상호의존관계를 형성하는 것이 거래성과를 높일 수 있는 방법이라고 제안하였다. 또한 Emerson(1962)도 불균형적 의존관계는 상대적으로 의존성이 높은 당사자를 취약하게 할 수 있으므로 균형적 거래관계가 바람직하다고 제안하였다. 그러나 본 연구에서의 분석결과에서도 알 수 있듯이 반드시 균형적 거래관계만이 거래성과를 높일 수 있는 것은 아니며, 상호의존성의 총합이 높은 경우에는 오히려 '명확한' 불균형적 거래관계가 긍정적 거래관계를 형성할 수 있음을 알 수 있다. 따라서 거래관계를 맺고 있는 거래당사자들의 전체적인 의존성이 높고 자신의 의존성이 상대적으로 높은 경우 자신의 의존성을 줄임으로써 전체 의존성이 감소하는 것은 오히려 거래관계를 악화시켜 성과를 하락시킬 수 있으므로 현재 의존성 정도를 유지하거나 의존성 외의 다른 요인들에 관심을 갖는 것이 바람직할 것이다. 즉 분석결과에서도 알 수 있듯이 상호의존성의 불균형성과 갈등 간 직접적 관계는 일정하지 않지만 상호의존성의 총합과 갈등 간 관계는 일관되게 지지되고 있는데, 이는 상호의존성의 불균형성보다 전체 의존성의 합이 거래관계에 미치는 영향이 보다 큼을 알 수 있다.

제2절 연구의 한계점 및 향후 연구방향

본 연구는 거래관계에 영향을 미칠 수 있는 다양한 요인들 중에서 상호의존성과 갈등에 초점을 두고 기존 연구들과는 다소 상이한 견해를 제시하고 있지만 몇몇 한계점을 내포하고 있다. 최근의 유통연구들은 거래관계에 영향을 미칠 수 있는 주요 요인들을 되도록 포괄적으로 포함시킨 연구모델들을 제시하고 있으며 분석방법도 구조방정식모형(structural equation modeling)과 같은 포괄적 분석방법을 활용하고 있다. 그러나 본 연구에서는 상호의존성과 갈등 등의 한정된 관계변수들만을 제시하였고 이에 따라 분석결과에서도 알 수 있듯이 전체적인 결정계수값(R^2)이 낮게 나왔으며 결과적으로 분석결과의 유의미성을 저하시켰다. 즉 본 연구에서는 상호의존성의 기본적 특성에 대한 연구로서 다양한 변수들을 고려하지 않았으며 결과적으로 실제 거래관계에 대한 활용측면에서는 미흡하다. 따라서 후속연구로서는 본 연구에서 실증적으로 검증된 상호의존성의 특성을 토대로 갈등 및 다양한 결과변수와 다양한 선행변수들을 포함한 포괄적 연구모형을 제시하고 실증적으로 분석하여 실제 거래관계에 대한 실용적 가치를 향상시켜야 할 것이다.

두 번째 한계점으로는 연구상황상의 한계점을 제시할 수 있는데, 본 연구는 다양한 산업재 시장 중 소방설비산업을 대상으로 실증분석을 실시하였다. 물론 소방설비산업이 다른 산업재 시장과 특별한 차이점을 보이고 있지 않으며, 대부분의 다른 산업재 시장과 유사하게(Buchanan 1992; Kumar, Scheer and Steenkamp 1995, 1998) 대체로 구매업체집단(소방설비 공사업체)의 힘이 상대적으로 높기는 하지만 이는 본 연구의 일반화 가능성을 저해할 수 있으며, 양자적 자료(dyadic data)의 수집을 위해 전체집단에서 일부 표본을 누락시켰는데 이 또한 분석결과의 일반화 가능성을 저해하고 있다. 따라서 본 연구의 일반화 가능성을 높이기 위해서는 다양한 산업군을 대상으로 보다 많은 표본수를 확보하여야 하며, 특정 산업군 외의 다양한 산업군에서의 거래관계특성들이 포함될 필요가 있고 더 나아가 기본적 특성 면에서 상이한 산업군들 간의 비교연구가 필요할 것이다.

앞에서도 언급했듯이 본 연구에서는 상호의존성의 다양한 결과변수들 중 갈등을 결과변수로 제시하였고, 더욱이 여러 형태의 갈등 중 명시적 갈등을 갈등의 대표적 형태로서 제시하였다. 그러나 갈등의 형태에는 명시적 갈등 외에도 지각된 갈등(Kumar, Scheer and Steenkamp 1995), 잠재적 갈등(Frazier and Rody 1991), 갈등 후 감정(Gundlach and Cadotte 1994) 등의 다양한 형태가 존재한다. 물론 명시적 갈등이 기타 형태의 갈등들에 비해서 포괄적 개념의 갈등형태이기는 하지만(Frazier and Rody 1991), 상호의존성이 다른 형태의 갈등들과 다양한 관계를 가질 가능성은 여전히 존재한다. 그러나 본 연구에서는 다른 형태의 갈등들과 상호의존성 간 관계에 대해서는 규명하지 못하였다.

또한 본 연구는 상호의존성의 기본적인 특성에 초점을 맞추어 진행하였으므로 추가적인 후속 연구들을 진행할 수 있을 것이다. 향후 연구가 가능한 몇몇 후속연구들만을 언급하자면, 본 연구에서 상호의존성과 갈등 간 관계에 대한 대립된 논리적 근거로서 제시된 쌍무적 억제이론과 갈등나선형이론에서는 상호의존성과 갈등 간 관계를 연결시키는 인지적 요소들(보복에 대한 두려움, 힘의 행사유혹)을 제시하고 있는데, 이들 요인들과 갈등 간의 직접적 관계를 규명함으로써 두 대립되는 이론에 대해 보다 직접적으로 검증할 수 있을 것이다. 본 연구에서는 기본적인 이론들로서 쌍무적 억제이론과 갈등나선형이론을 제시하고 기존의 다양한 연구들을 활용하여 두 대립되는 이론을 통합적으로 제시하고자 하였으나 여전히 대립되는 두 이론에 대한 실증분석이 직접적으로 이루어지지 않았다. 따라서 개별 이론들에서 제시한 인지적 요소들과 갈등 간의 관계에 대해 실증분석을 실시할 경우 동일한 요인들(상호의존성의 총합과 불균형성)을 활용한 실증분석에 비해 보다 명확한 이론검증이 이루어질 수 있을 것이다.

두 번째로는 상호의존성의 기본 개념인 의존성의 측정과 관련하여 향후 연구를 진행할 수 있을 것이다. 본 연구에서는 양자적 거래관계를 맺고 있는 개별 거래당사자들을 대상으로 기본적으로 두 가지 형태로 의존성에 대해서 응답하도록 하였으며, 이들 의존성들의 네 가지 조합(combination)을 통해서 네 가지 형태의 상호의존성의 총합과 불균형성을 활용하여 가설을 검증하였다. 그러나 실증분석에 앞서 이와 같은 다양한 형태의 상호의존성의 총합과 불균형성에 근거한 연구가설은 제시하고 있지 못하였다. 따라서 향후에 이와 같은 다양한 형태의 상호의존성의 총합과 불균형성에 따라 갈등뿐 만 아니라 다양한 관계성과변수들(예를 들어 장기지향성성, 관계몰입, 관계만족 등)에 어떠한 영향을 미치는지를 살펴보는 것은 상호의존성의 조작적 정의 측면에서 매우 중요할 것이다.

기존 사회학 연구들에서 이미 상호의존성과 갈등 간 관계에는 특정 인지적 요소들이 존재한다고 제시한 바 있으나 유통경로구성원 간 관계에서는 이와 유사하거나 또는 상이한 변수들이 상호의존성과 갈등 간 관계를 매개할 수 있을 것이다. 또한 상호의존성과 갈등 간 관계에 대한 매개변수들(mediating variables) 뿐만 아니라 다양한 조절변수들(moderating variables)도 존재할 수 있다. 즉 대표적인 매개변수들로서는 앞에서 언급했듯이 보복에 대한 두려움과 힘의 행사유혹이 존재할 수 있고, 이외에도 기존 연구들에서 제시한 상호의존성의 다양한 결과변수들이 상호의존성과 갈등 간 관계를 매개할 수 있으며, 기존 갈등연구들에서 갈등의 선행변수들로서 제시한 다양한 변수들 중 상호의존성과 갈등 간 관계를 조절할 수 있는 변수들도 존재할 수 있다. 따라서 상호의존성과 갈등 간 관계에 대한 매개변수들과 다양한 조절변수들에 대한 향후 연구가 이루어질 수 있을 것이다.

참고문헌

Aiken, Leona S. and Stephen G. West(1991), *Multiple Regression: Testing and Interpreting Interactions.* Newbury, CA: Sage Publications.

Anderson, James C. and James A. Narus (1990), "A Model of the Distributor's Perspective of Distributor-Manufacturer Working Relationships," *Journal of Marketing,* 48(Fall), 62-74.

Anderson, Erin and James A. Narus(1984), "A Model of the Distributor's Perspective of Distributor-Manufacturer Working Relationships," *Journal of Marketing,* 48(Fall), 62-74.

Anderson, Erin and Barton Weitz(1989), "Determinants of Continuity in Conventional Industrial Channel Dyads," *Marketing Science,* 9(Fall), 310-23.

Anderson, Erin and Barton Weitz(1992), "The Use of Pledges to Build and Sustain Commitment on Distribution Channels," *Journal of Marketing Research,* 29(February), 18-34.

Antia, Kersi D. and Gary L. Frazier(2001), "The Severity of Contract Enforcement in Interfirm Channel Relationships," *Journal of Marketing,* 65(October), 67-81.

Arndt, Johan(1979), "Toward a Concept of Domesticated Markets," *Journal of Marketing Research,* 43(Fall), 69-75.

Bacharach, Samuel B. and E. J. Lawler(1981), *Bargaining: Power, Tactics, and Outcomes,* San Francisco: Jossey-Bass.

Bonoma, T. V. (1976), "Conflict, Cooperation and Trust in Three Power System," *Behavior Science,* 21(November), 499-514.

Boyle, Brett F., Robert Dwyer, Robert A. Robicheaux, and James T. Simpson(1992), "Influence Strategies in Marketing Channels: Measures and Use in Different Relationship Structures," *Journal of Marketing Research*, 29(November), 462-473.

Brown, James R. and Ralph L. Day(1981), "Measures of Manifest Conflict in Distribution Channels," *Journal of Marketing Research*, 18(August), 263-274.

Buchanon, Lauranne (1992), "Vertical Trade Relationships: The Role of Dependence and Symmetry in Attaining Organizational Goals," *Journal of Marketing Research*, 29(February), 65-75.

Chertkoff, J. M. and J. K. Esser(1976), "A Review of Experiments in Explicit Bargaining," *Journal of Experimental Social Psychology*, 12, 464-486.

Cook, Karen S. and Richard M. Emerson(1978), "Power, Equity and Commitment in Exchange Network," *American Sociological Review*, 43(October), 721-739.

Coughlan, Anne T., Erin Anderson, Louis W. Stern, and Adel I. El-Ansary (2001), *Marketing Channels*, Prentice Hall.

Deutsch, M. and R. M. Krauss(1962), "Studies of Interpersonal Bargaining," *Journal of Conflict Resolution*, 6, 52-76.

Dwyer, F. Robert, Paul Shurr, and Sejo Oh(1987), "Developing Buyer-Seller Relationship," *Journal of Marketing*, 51(April), 11-27.

El-Ansary, Adel and Louis Stern(1972), "Power Measurement in the Distribution Channel," *Journal of Marketing Research*, 9(February), 47-52.

Emerson, Richard M. (1962), "Power-Dependence Relations," *American Sociological Review*, 27(February), 31-41.

Fornell, Claes and David F. Larcker(1981), "Evaluating Structural Equation Models with Unobservable Variables and Measurement Error," *Journal of Marketing Research*, 18(February), 39-50.

Frazier, Gary (1983), "Interorganizational Exchange Behavior in Marketing Channels: A Broadened Perspective," *Journal of Marketing*, 47(Fall), 68-78.

Frazier, Gary, James Gill and Sudhir Kale(1989), "Dealer Dependence Levels and Reciprocal Actions in a Channel of Distribution in a Developing Country," *Journal of Marketing*, 53(January), 50-69.

Frazier, Gary and John Summers (1984), "Interfirm Influence Strategies and Their Application Within Distribution Channels," *Journal of Marketing*, 48(Summer), 43-55.

Frazier, Gary and John Summers (1986), "Interfirm Power and Its Use Within a Franchise Channel of Distribution," *Journal of Marketing Research*, 23(May), 169-176.

Frazier, Gary and Raymond C. Rody (1991), "The Use of Influence Strategies in Interfirm Relationships in Industrial Product Channels," *Journal of Marketing*, 55(January), 52-69.

Gaski, John(1984), "The Theory of Power and Conflict in Channel of Distribution," *Journal of Marketing*, 48(Summer), 9-29.

Gaski, John F. and John R. Nevin(1985), "The Differential Effects of Exercised and Unexercised Power Sources in a Marketing Channel," *Journal of Marketing Research*, 22(May), 130-142.

Geyskens, Inge, Jan-Benedict E. M. Steenkamp, Lisa K. Scheer and Nirmalya Kumar(1996), "The Effects of Trust and Interdependence on Relationship Commitment: A Trans-Atlantic Study," *International Journal of Research in Marketing*, 13, 303-317.

Gundlach, Gregory T. and Ernest R. Cadotte (1994), "Exchange

Interdependence and Interfirm Interaction: Research in a Simulated Channel Setting," *Journal of Marketing Research*, 31(November), 516-532.

Heide, Jan B.(1994), "Interorganizational Governance in Marketing Channels," *Journal of Marketing*, 58(January), 71-85.

Hibbard, Jonathan D., Nirmalya Kumar and Louis W. Stern(2001), "Examining the Impact of Destructive Acts in Marketing Channel Relationships," *Journal of Marketing Research*, 38(February), 45-61.

Homans, George G.(1958), "Social Behavior as Exchange," *American Journal of Sociology*, 63(May), 597-606.

Hornstein, H. A.(1965), "The Effects of Different Magnitudes of Threat Upon Interpersonal Bargaining," *Journal of Experimental Social Psychology*, 1, 282-293.

Hunt, Shelby and John Nevin(1974), "Power in a Channel of Distribution: Sources and Consequences," *Journal of Marketing Research*, 11(May), 186-193.

Johanson, J. and L. G. Mattson(1985), "Marketing Investments and Market Investments in Industrial Network," *International Journal of Research in Marketing*, 2, 185-195.

Kale, Sudhir(1986), "Dealer Perceptions of Manufacturer Power and Influence Strategies in a Developing Country," *Journal of Marketing Research*, 23(November), 387-393.

Kelley, Harold(1983), "Love and Commitment," in *Close Relationships*, Harold Kelley et al., eds. New York: W. H. Freeman and Company, 265-314.

Kelley, H. H. and J. W. Thibaut(1978), *Interpersonal Relations: A Theory of Interdependence*, New York: Wiley.

Kim, Stephen Keysuk and Ping-Hung Hsieh(2003), "Interdependence and Its Consequences in Distributor-Supplier Relationships: A Distributor Perspective Through Response Surface Approach," *Journal of Marketing Research*, 40(February), 404-412.

Kipnis, D.(1976), *The Powerholders*, Chicago: University of Chicago Press.

Kumar, Nirmalya, Lisa K. Scheer, and Jan-Benedict E. M. Steenkamp (1995), "The Effects of Perceived Interdependence on Dealer Attitudes," *Journal of Marketing Research*, 32(August), 348-356.

Kumar, Nirmalya, Lisa K. Scheer, and Jan-Benedict E. M. Steenkamp (1998), "Interdependence, Punitive Capability, and the Reciprocation of Punitive Actions in Channel Relationships," *Journal of Marketing Research*, 35(May), 225-235.

Lawler, Edward J.(1986), "Bilateral Deterrence and Conflict Spiral: A Theoretical Analysis," pp.107-130 in *Advances in Group Processes*, vol. 3, edited by Edward J. Lawler, Greenwich, CT:JAI.

Lawler, Edward J., and Samuel B. Bacharach (1987) "Comparison of Dependence and Punitive Forms of Power," *Social Forces*, 66(2), 446-462.

Lawler, Edward J., Rebecca S. Ford, and Mary A. Blegen (1988), "Coercive Capability in Conflict: A Test of Bilateral Deterrence Versus Conflict Spiral Theory," *Social Psychology Quarterly*, 51(2), 93-107.

Lusch, Robert(1976), "Sources of Power: Their Impact on Intrachannel Conflict," *Journal of Marketing Research*, 13(November), 382-390.

Lusch, Robert F. and James R. Brown(1996), "Interdependency, Contracting, and Relational Behavior in Marketing Channels," *Journal of Marketing*, 60(October), 19-38.

Maltz, Elliot and Ajay K. Kohli(1996), "Market Intelligence Dissemination Across Functional Boundaries," *Journal of Marketing Research*, 33(February), 47-61.

Marsh, H. W., J. R. Balla and R. P. McDonald(1988), "Goodness-fit Indexes in Confirmatory Factor Analysis: The Effect of Sample Size," *Psychological Bulletin*, 103, 391-410.

Michener, H. A. and E. D. Cohen(1973), "Effects of Punishment Magnitude in the Bilateral Threat Situation: Evidence for the Deterrence Hypothesis," *Journal of Personality and Social Psychology*, 26, 427-438.

Mishra, Debi P., Jan B. Heide and Stanton G. Cort(1998), "Levels of Agency Relationships in Service Delivery: Theory and Empirical Evidence," *Journal of Marketing Research*, 35(August), 277-295.

Molm, Linda D.(1987), "Power Dependence Theory: Power Processes and Negative Outcomes," pp.171-198 in *Advances in Group Processes*, vol. 4, edited by Edward J. Lawler, Greenwich, CT:JAI.

Morgan, M. P.(1977), *Deterrence: A Conceptual Analysis*, Beverly Hills, CA: Sage.

Nardin, T.(1968), "Communication and the Effects of Threats in Strategic Interaction," *Peace Research Society(International) Papers*, 9, 69-86.

Nunnally, Jim C.(1978), *Psychometric Methods*, New York: McGraw Hill.

Pfeffer, Jeffrey and Gerald R. Salancik(1978), *The External Control of Organizations*, New York: Harper & Row Publisher, Inc.

Raven, Bertram H. and Arie W. Kruglanski(1970), "Conflict and Power," in *The Structure of Conflict*, Paul Swingle, ed.(New York:

Academic Press), 69-109.

Robicheaux, Robert and Adel El-Ansary(1975), "A General Model for Understanding Channel Member Behavior," *Journal of Retailing*, 52(Winter), 13-30.

Roering, Kenneth(1977), "Bargaining in Distribution Channels," *Journal of Business Research*, 5(March), 15-26.

Rubin, Jeffrey Z. and Bert R. Brown(1975), *The Social Psychology of Bargaining and Negotiation*, New York: Academic Press.

Schelling, T. C.(1960), *The Strategy of Conflict*, New York: Oxford University Press.

Shomer, R. W., A. H. Davis and H. H. Kelley(1966), "Threats and the Development of Coordination: Further Studies of the Deutsch and Krauss Trucking Game," *Journal of Personality and Social Psychology*, 4, 119-126.

Silvia, S.(1988), *Effects of Sampling Error and Model Misspecification on Goodness-of-Fit Indices for Structural Equation Models*, Ph. D. Dissertation, Ohio State University, Columbus, Ohio.

Stern, Louis and James Heskett(1969), "Conflict Management in Interorganization Relations: A Conceptual Framework, in *Distribution Channels: Behavioral Dimension*, Louis Stern, ed. New York: Houghton-Mifflin Company, 288-305.

Tedeschi, J. T. and T. V. Bonoma(1977), *Measures of Last Resort: Coercion and Aggression in Bargaining*, In D. Druckman(ed.), Negotiations Beverly Hills, Calif.: Sage Publications.

Tedeschi, J. T. and T. V. Bonoma(1972), *Power and Influence: An Introduction*, In J. T. Tedeschi(ed), Social Influence Process, Chicago: Aldine.

Tedeschi, J. T., T. V. Bonoma and N. Novinson(1970), "Behavior of a Threatener: Retaliation versus Fixed Opportunity Costs," *Journal of Conflict Resolution*, 14, 69-76.

Tedeschi, J. T., B. R. Schlenker, and T. V. Bonoma(1973), *Conflict, Power, and Games*, Hawthorne, NY: Aldine.

Thibaut, John W. and Harrold Kelley(1959), *The Social Psychology of Groups*, New York: Wiley.

Wilkonson, Ian and David Kipnis(1978), "Interfirm Use of Power," *Journal of Applied Psychology*, 63(June), 315-320.

Wilson, David T.(1995), "An Integrated Model of Buyer-Seller Relationships," *Journal of the Academy of Marketing Sciences*, 23(4), 335-345.

설 문 지

<table>
<tr><td>　</td><td>　</td><td>　</td></tr>
</table>

소방설비시장의 유통경로에 관한 조사

안녕하십니까? 저는 ○○대학교 경영학과에서 박사과정에 재학 중인 ○○○입니다. 본 설문지는 국내시장의 유통경로에서 당면하고 있는 문제점 파악 및 해결방안에 대한 조사입니다.

제가 여쭙게 되는 질문에는 맞고 틀리는 답이 없으며, 어떤 의견을 가진 분이 몇 %인가 하는 식으로 통계를 내는 용도로만 사용됩니다.

잠시만 시간을 내어 협조해 주시면 저희 연구에 큰 도움이 되겠습니다. 감사합니다.

◎ 귀사가 거래중인 업체들 중에서 거래규모가 가장 크다고 생각되는 업체
명을 기입해 주십시오.　　　　　　　　　　　　(　　　　　)

> ** 다음에 열거되는 문항들에 대해 위에서 선택한 거래규모가 가장 큰 업체 1개만
> 을 고려하여 설문에 응답해 주십시오. 즉 거래규모가 가장 크다고 생각되는 업
> 체와 귀사와의 거래관계만을 생각하면서 응답해 주십시오.

◉ 귀사가 위에서 선택한 업체와 거래를 해온 기간은 얼마나 되었습니까?
　　　　　　　　　　　　　　　(　　　)년 (　　　)개월

◉ 전체 거래량 중, 귀하가 선택한 업체가 차지하는 비중은 얼마입니까?
　　　　　　　　　　　　　　　　　　　(　　　)%

◉ 귀사는 해당 업종에서 얼마나 오랫동안 사업하고 계십니까?
　　　　　　　　　　　　　　　(　　　)년 (　　　)개월

◉ 귀하는 귀사에서 얼마나 오랫동안 종사해 오셨습니까?
　　　　　　　　　　　　　　　(　　　)년 (　　　)개월

◉ 귀사에서 근무하고 있는 직원 수는 모두 몇 명입니까?　(　　　)명

◉ 다음 질문하는 사항에 대해, 위에서 선택한 업체를 생각하시며 응답해
주시기 바랍니다.

1 -------2--------3------- 4 -------5--------6------- 7 매우 낮다　　　　　　　보통이다　　　　　　매우 높다	응 답
귀하의 전체 매출액 중 상대업체가 기여하는 정도는 어느 정도라고 생각하십니까?	
귀하의 전체 순수익 중 상대업체가 기여하는 정도는 어느 정도라고 생각하십니까?	

◉ 위에서 선택한 거래업체와의 관계를 고려해 볼 때, 다음 중 귀사와 거래업
체와의 관계를 가장 잘 표현한 것이라고 생각되는 항목의 번호를 선택해
주십시오. 반드시 하나의 번호만을 선택해 주시기 바랍니다.　(　　　)
　① 상대업체가 거래업체를 교체하기 쉬움; 우리업체가 거래업체를 교체
　　하기 쉬움
　② 상대업체가 거래업체를 교체하기 어려움; 우리업체가 거래업체를
　　교체하기 쉬움

③ 상대업체가 거래업체를 교체하기 쉬움; 우리업체가 거래업체를
   교체하기 어려움
④ 상대업체가 거래업체를 교체하기 어려움; 우리업체가 거래업체를
   교체하기 어려움

☞ 이어지는 질문들에 대해서 응답하시는 분의 주관적인 판단에 의거하여
   응답하시면 됩니다. 해당 분야에 대해 잘 모르신다 하더라도 응답하시
   는 분의 추측으로 응답해 주시기 바랍니다.

* 의존관계에 관한 질문

1 -------2---------3------- 4 -------5--------6------- 7 전혀 그렇지 않다　　　　　　보통이다　　　　　　정말 그렇다	응　답
⊙ 우리가 현재의 거래업체에 의존하고 있는 정도	
우리에게 현재의 거래업체는 매우 중요하다	
우리의 사업성과는 현재의 거래업체에 주로 의존하고 있다	
우리가 현재의 거래업체와 관계를 끊으면, 매출을 유지하는데 어려움이 많을 것이다	
우리가 현재의 거래업체를 교체하는 것은 매우 어렵다	
우리는 현재의 거래업체와의 관계를 대신할 만한 뚜렷한 대체업체가 없다	
우리가 현재의 거래업체를 다른 업체로 바꾸는데 소요되는 비용은 매우 클 것이다	
우리에게 현재의 거래업체보다 더 나은 조건에서 거래할 수 있는 업체를 찾기는 힘들다	
⊙ 현재 거래업체가 우리에게 의존하고 있는 정도	
거래업체는 우리를 매우 중요하게 여기고 있다.	
거래업체의 사업성과는 주로 우리에게 의존하고 있다	
거래업체는 우리와의 관계가 끊어지면 매출을 유지하는데 어려움이 많을 것이다	
거래업체가 우리 대신 다른 업체로 교체하는 것은 매우 어렵다	
거래업체는 우리와의 관계를 대신할 만한 뚜렷한 업체가 없다	
우리가 현재의 거래업체를 다른 업체로 바꾸는데 소요되는 비용은 매우 클 것이다	
거래업체가 우리보다 더 나은 조건에서 거래할 수 있는 업체를 찾기는 힘들다	

* 다음에 제시된 항목들에 대해서 현재 거래업체들과 벌어졌던 갈등정도를 말씀해 주십시오.

1 --------2--------3------- 4 --------5--------6------- 7 전적으로 동의한다　　　　　보통이다　　　　전혀 동의하지 않는다	응　답
재고관리	
가격결정	
품질관리	
납기 설정 및 준수	
고객관리	
영업사원의 활동 및 지원	
물량 공급 및 할당	
각종 판촉활동 및 교육지원활동	
제품 하자 발생시 반품지원 및 기타 지원활동	
전반적인 경영지원활동	

* 끝까지 질문에 응답하여 주셔서 감사합니다. 선생님의 응답은 귀중하게 이용될 것입니다.

〈부록 2〉

상호의존성과 갈등 간 관계에 있어서 신뢰의 조절효과

상호의존성은 유통경로상에 존재하는 기본적 특성으로서 오랫동안 유통 분야에서 관련 연구들이 활발하게 진행되어 왔다. 특히 갈등은 유통경로상의 거래관계를 특징짓는 주요 특성으로서 상호의존성과 갈등 간 관계를 규명하는 것은 의미하는 바가 크다. 그러나 사회학 분야에서는 상호의존성과 갈등 간 관계를 설명하는 상반된 이론이 존재하며, 마케팅 분야에서도 상호의존성과 갈등 간 관계에 대해서 상반된 연구결과가 제시되었다. 이에 본 연구에서는 상호의존성과 갈등 간 관계에 대해 대립된 설명을 하고 있는 쌍무적 억제이론과 갈등나선형이론 등의 사회학 이론을 활용하여 상호의존성과 갈등 간 관계를 고찰하였다. 특히 두 대립되는 이론이 차별적으로 적용될 수 있는 상황변수로서 신뢰를 제시함으로써 신뢰수준에 따라 어떠한 이론이 상호의존성의 불균형성과 갈등 간 관계를 설명할 수 있는지를 실증적으로 살펴보았다. 실증분석결과를 보면, 신뢰는 상호의존성의 불균형성과 갈등 간 관계에 대한 유의미한 조절변수임을 알 수 있었다.

Ⅰ. 서 론

　현대 사회에서는 모든 기업들이 다른 기업들과의 관계 속에서 존재한다. 이러한 현상은 점차 심화되고 있는 경쟁과 빠른 속도로 변화되는 환경 속에서 더욱 뚜렷해지고 있다. 개별 기업들은 성과를 내기 위해 자원이 필요하며, 이러한 자원을 개별 기업들이 모두 소유하는 것은 현실적으로 불가능하다. 따라서 희소한 자원의 획득을 위해 다른 기업과의 의존적 관계형성은 필수적이라 할 수 있다(Pfeffer and Salancik 1978).

　이러한 맥락에서 유통과 관련된 많은 마케팅 학자들이 의존성(dependence)에 대한 연구를 해왔다(Anderson and Narus 1990; Buchanan 1992: Frazier and Summers 1986; Frazier and Rody 1991; Heide 1994). 그러나 Gundlach and Cadotte(1994)에 의해 상호의존성(interdependence)에 대한 연구가 본격적으로 진행되기 전의 연구들은 거래관계를 이루고 있는 거래당사자 중 일방에 대해서만 국한되어 진행되어 왔다. Gundlach and Cadotte(1994)는 거래관계를 이루고 있는 거래당사자들의 상대방에 대한 의존성을 측정하여, 개별 기업들의 의존성을 합한 총합(magnitude) 개념과 개별 기업들의 의존성의 차이인 불균형성(asymmetry) 개념을 제시하였고, 이러한 개념들과 영향전략(influence strategy) 및 갈등(conflict)이 어떠한 관계를 맺고 있는지를 살펴보았다. 이들 연구에 이어 Kumar, Scheer and Steenkamp(1995)는 Gundlach and Cadotte(1994)의 연구와 마찬가지로 상호의존성의 총합과 불균형성이 갈등, 신뢰(trust) 및 몰입(commitment) 등에 어떠한 영향을 미치는지를 살펴보았으며, 상호의존성의 총합과 불균형성이 갈등, 신뢰 및 몰입 등에 미치는 영향을 설명하기 위해 쌍무적 억제이론(bilateral deterrence theory)을 이론적 근거로 제시하였다.

　위의 두 연구는 모두 상호의존성과 갈등 간의 관계에 대해 연구하였는데, 상호의존성의 총합과 갈등감소 간의 관계에 대해서는 두 연구 모두에서 긍정적인 선형관계를 가설로써 제시하였으나 상호의존성의 불균형성과 갈등감소와의 관계는 상반된 연구가설을 제시하였다. Gundlach and Cadotte(1994)는 상호의존성의 불균형성이 증가할수록 갈등이 감소한다고 제안하였으며, Kumar et al(1995)는 반대로 상호의존성의 불균형성이 증가할수록 갈등이 증가한다고 제안하였다.

또한 Gundlach and Cadotte(1994)의 연구에서는 상호의존성과 갈등 간 관계에 대해 명확한 이론적 근거를 제시해주지 못하였으며, 실증분석결과도 부분적으로만 지지되었다. Kumar et al(1995)의 연구에서도 상호의존성과 갈등 간 관계를 쌍무적 억제이론과 갈등나선형이론이 상반되게 접근함에도 불구하고 각 이론에 대한 타당성을 검증하지 않은 채 쌍무적 억제이론에 근거하여 상호의존성과 갈등 간 관계에 대해 연구가설을 제시하였다.

사회학 분야에서는 힘과 힘의 행사 간의 관계에 대해서 상반된 견해를 보이는 두 가지 이론이 존재한다(Deutsch and Krauss 1962; Lawler 1986; Morgan 1977). 그중 한 이론이 Kumar et al(1995)의 연구에서 이론적 근거로서 제시한 쌍무적 억제이론이며, 나머지 한 이론은 갈등나선형이론이다. 쌍무적 억제이론에 근거해서 상호의존성과 갈등 간의 관계를 예측하자면, 상호의존성의 총합이 증가하게 되면 갈등이 감소하게 되지만 상호의존성의 불균형성이 증가하게 되면 갈등은 증가하게 된다는 것이다. 반대로 갈등나선형이론에 따르면 상호의존성의 총합이 증가할수록 갈등이 증가하게 되고 상호의존성의 불균형성이 증가할수록 갈등은 감소하게 된다. 경영학 분야에서는 Kumar et al(1995)가 쌍무적 억제이론에 근거해서 상호의존성의 총합과 불균형성이 갈등에 미치는 영향을 실증적으로 연구하였고, Gundlach and Cadotte(1994)는 뚜렷한 이론적 근거를 제시하지 않았으나 상호의존성의 총합이 갈등에 미치는 영향에 대해서는 쌍무적 억제이론과 동일한 견해를 제시하였고, 상호의존성의 불균형성이 갈등에 미치는 영향에 대해서는 갈등나선형이론과 동일한 견해를 제시하였다.

이에 상호의존성의 총합과 불균형성이 갈등에 미치는 영향에 대해서 쌍무적 억제이론과 갈등나선형이론에 근거한 대립가설을 수립하여 한국의 유통경로상에서 기존 연구결과를 재검증하고자 한다. 특히 Gundlach and Cadotte(1994)의 연구와 Kumar et al(1995)의 연구에서 상호의존성의 불균형성과 갈등 간 관계에서 대해서 상반된 연구결과를 제시하고 있는데 본 연구에서는 두 대립되는 이론이 차별적으로 적용될 수 있는 상황변수로서 신뢰를 제시함으로써 신뢰수준에 따라 어떠한 이론이 상호의존성의 불균형성과 갈등 간 관계를 설명할 수 있는지를 실증적으로 살펴보고자 한다.

Ⅱ. 이론적 배경 및 연구모형

연구목적에서도 밝혔듯이 본 연구는 상호의존성과 갈등 간 관계에 대한 논리적 근거로서 활용할 수 있는 대립되는 두 이론(쌍무적 억제이론과 갈등나선형이론)을 토대로 기존 상호의존성과 갈등 간 관계에 대해 재조명하고자 한다. 이를 위해서 본 절에서는 대립되는 두 이론에 대한 간략한 정리와 기존의 다양한 연구들을 토대로 상호의존성과 갈등 간의 관계를 새로운 시각에서 다루어볼 것이다.

또한 본 연구에서는 신뢰가 상호의존성과 갈등 간 관계에 대한 조절변수로서의 역할을 수행할 것이라고 제안하였는데, 상호의존성의 두 차원 중 불균형성과 갈등 간 관계에 대해서만 조절효과를 보일 것이라고 제안하였다. 이는 두 차원 중 불균형성이 거래관계에 대해 부정적인 영향을 미치며 신뢰가 이에 대한 지배기제(governance mechanism)로 작용할 수 있는 반면에, 상호의존성의 총합은 거래관계에 긍정적인 영향을 미침에 따라 신뢰와 같은 조절변수들이 유의미한 조절효과를 나타내지 못할 것이라는 기존 연구에 근거한 것이다(Geyskens, Steenkamp, Scheer and Kumar 1996).

1. 상호의존성의 총합과 갈등 간 관계

1.1. 상호의존성의 총합과 갈등 간 부정적 관계

먼저 상호의존성의 총합(magnitude)과 갈등 간의 관계를 살펴보고자 한다. 상호의존성의 총합은 개별 거래당사자 각각이 상대방에 대해 지각하는 의존성의 합으로서 정의된다(Gundlach and Cadotte 1994; Kumar et al 1995, 1998). 마케팅연구 분야에서 상호의존성의 총합과 갈등 간 관계에 관한 연구들로서는 Gundlach and Cadotte(1994)의 연구와 Kumar et al(1995, 1998) 등의 연구들이 존재하는데, 이들 연구들에서는 공통적으로 상호의존성의 총합이 증가함에 따라 갈등이 감소한다는 견해를 제시하고 있다. 또한 Gundlach and Cadotte(1994)의 연구에서는 구체적인 이론적 근거를 제시하고 있지 않으며 Kumar et al(1995)의 연구에서는 이론적 근거로서 쌍무적 억제이론을 제시하고 있다.

쌍무적 억제이론과 관련된 연구들에서는 쌍방 간 힘의 차이가 없다는 가정하에 힘의 총합이 힘의 행사에 미치는 영향에 대해서 주로 살펴보았다(Molm 1987; Morgan 1977). 이때 힘의 총합이 힘의 행사에 미치는 영향에 대한 근거를 살펴보면, 거래관계에 있는 거래당사자 중 일방의 힘이 증가하게 되면 거래상대방은 거래일방을 공격할 경우 당할 보복에 대한 두려움이 증가하게 되어 힘의 행사를 자제하게 되고, 반대로 거래일방은 자신의 힘이 증가하게 됨에 따라 거래상대방이 자신에게 공격할 가능성이 낮다고 예상하여 거래상대방에게 공격할 필요성을 느끼지 못한다는 것이다. 이러한 논리는 힘의 균형상태를 가정함으로써 힘의 행사주체가 바뀌더라도 마찬가지로 적용될 수 있다. 따라서 갈등이 발생할 확률은 거래 당사자들이 지니는 보복에 대한 두려움과 상대방이 자신을 공격할 가능성에 따라 달라진다고 할 수 있다(Lawler 1986; Lalwer, Ford and Blegen 1988).

상호의존성의 총합수준이 높음은 거래당사자 각각이 상대방에 대해 영향을 미칠 수 있는 힘의 총합도 큼을 의미하므로 거래당사자들 중 특정 거래당사자의 힘이 커지면 나머지 거래당사자는 비우호적 행위에 대한 보복행위를 두려워하여 상대방에 대한 비우호적 행위를 자제하게 되고, 큰 힘을 갖는 거래당사자는 자신의 힘에 근거하여 상대방이 자신을 공격하지 않을 것이라고 예상하여 상대방에게 비우호적 행위를 할 필요성을 느끼지 못하게 된다는 것이다(Lawler 1986; Lawler et al 1988).

즉 쌍무적 억제이론은 기본적으로 상대방에게 비우호적 행위를 행하였을 경우 당할 수 있는 보복에 의해 자신의 성과가 낮아질지 모른다는 두려움에 초점을 맞춘 이론으로서 상대방의 힘이 큰 경우 상대방의 보복가능성이 높기 때문에 상대방에 대한 힘의 행사를 자제하게 된다고 제안하였다. 이 이론을 의존성의 측면에서 해석하자면 자신의 힘은 상대방의 의존성에 근거하는 것으로서(Emerson 1962), 상대방에 대한 자신의 의존성을 지각함에 따라 힘의 사용을 억제하는 것이라고 해석할 수 있다. 즉 자신의 의존성이 크기 때문에 상대방에게 비우호적 행위를 행사할 경우 상대방이 자신에게 필요한 자원의 철수(withdrawal) 등의 보복행위를 할 수 있고, 그에 따라 자신의 성과가 하락할 것이 두렵기 때문에 상대방에 대한 비우호적 행위를 억제하게 되고, 결과적으로 거래당사자 모두가 이러한 비우호적 행위를 억제하게 됨에 따라 갈등이 감소할 것이라는 연구가설을 제시할 수 있다.

연구가설 1: 상호의존성의 총합이 증가함에 따라 갈등이 감소할 것이다.

1.2. 상호의존성의 총합과 갈등 간 긍정적 관계

기존 상호의존성과 관련된 마케팅연구들에서는 상호의존성의 총합과 갈등 간 관계에 대한 이론적 근거로서 쌍무적 억제이론만을 고려하였으나 사회학 분야에서는 쌍무적 억제이론 외에 상호의존성의 총합과 갈등 간 관계를 설명할 수 있는 대안적 이론으로서 갈등나선형이론이 존재한다고 앞서 제시하였다(Lawler 1986).

갈등나선형이론에 근거하여 힘의 총합이 힘의 행사에 미치는 영향에 대한 근거를 살펴보면, 힘이 균형상태에 있을 때 거래관계에 있는 거래당사자 중 거래일방의 힘이 증가하게 되면 자신의 힘을 행사하고자 하는 유혹을 느끼게 되어 힘을 행사할 가능성이 커지고, 마찬가지로 상대방도 자신의 힘이 증가하게 되면 힘을 행사하고자 하는 유혹을 느끼게 되어 힘을 행사할 가능성이 커지게 된다는 것이다(Deutsch and Krauss 1962; Lawler 1986; Lalwer et al 1988). 그러나 쌍무적 억제 이론의 경우와 마찬가지로 초기 갈등나선형이론은 거래당사자 중 일방만을 고려하는 한계점을 갖고 있는데, Lawler(1986), Lalwer et al(1988) 등은 상대방의 지각도 고려하여 상대방의 공격에 대한 예상도 힘의 행사에 영향을 미칠 수 있다고 제안하였다. 공격에 대한 예상의 정의는 쌍무적 억제이론과 동일하나 쌍무적 억제이론에서의 상대방의 공격에 대한 예상이 자신의 힘에 근거한 것이라며, 갈등나선형이론에서는 상대방의 공격에 대한 예상이 상대방의 힘에 대한 지각에 근거한다는 점에서 구별된다.

갈등나선형이론에 따르면 거래관계에서 힘이 균형상태를 이룰 경우, 거래일방의 힘이 증가하게 되면 자신의 힘을 행사하고자 하는 경향이 증가하게 되어 힘을 행사하게 되고, 거래상대방은 지각된 거래일방의 힘에 근거하여 상대방이 비우호적 행위를 할 가능성이 높다고 예상하여 상대방에 대해 비우호적 행위를 할 가능성이 증가한다는 것이다(Deutsch and Krauss 1962). 이러한 논리는 거래당사자가 바뀌더라도 마찬가지로 작용되며, 이러한 논리를 의존성 개념에 확장할 경우 상호의존성의 총합이 증가하면 갈등은 오히려 증가한다고 제안할 수 있다(Emerson 1962; Lawler 1986; Lawler, Ford and Blegen 1988). 그러나 마케팅 영역에서는 아직 갈등나선형이론에 근거하여 상호의존성과 갈등 간의 관계를 연구한 바 없다. 이에 본 연구에서는 갈등나선형이론에 근거하여 상호의존성의 총합과 갈등 간 관계에 대해서 대안적 가설을 제시하고자 한다.

즉 갈등나선형이론에 근거하여 상호의존성의 총합과 갈등 간의 관계에 대해 설명하면, 상호의존성이 증가함에 따라 거래당사자들 중 특정 거래당사자는 상대방의 의존성에 근거하여 상대방에게 비우호적인 행위를 하고자 하며, 또 다른 거래당사자는 자신의 의존성에 근거하여 자신에게 비우호적인 행위를 할 것이라고 예상하게 되어 자신을 방어하기 위해서 상대방에게 선행적으로 비우호적 행위를 하게 됨에 따라 갈등이 증가할 것이다 (Lawler 1986; Lawler, Ford and Blegen 1988).

연구가설 1_{alt}: 상호의존성의 총합이 증가함에 따라 갈등이 증가할 것이다.

2. 상호의존성의 불균형성과 갈등 간 관계

2.1. 상호의존성의 불균형성과 갈등 간 긍정적 관계

상호의존성의 불균형성은 개별 거래당사자 각각이 지각하는 의존성의 차이로서 정의된다(Gundlach and Cadotte 1994; Kumar et al 1995, 1998). 상호의존성의 불균형은 기본적으로 의존성의 구조를 나타내는 것으로서 (Buchanan 1992), Gundlach and Cadotte(1994)에 의해 정의되기 전에도 개념적으로는 여러 연구들에서 제시된 바 있다(Buchanan 1992; Frazier and Summers 1986).

상호의존성의 불균형성과 거래관계에 관한 초기 마케팅연구로서는 Buchanan(1992)의 연구가 있는데, 그는 의존성의 부정적인 측면에 초점을 맞추었던 기존 연구를 반박하며, 특정한 상황에서는 의존성이 기업의 성과에 긍정적인 영향을 미칠 수 있음을 제안하였고, 의존성이 균형을 이룰 경우 상대방에 대한 의존성의 증가는 기업의 성과를 증대시킨다고 하였다. 또한 Kumar et al(1995)의 연구에서도 상호의존성의 균형성이 갈등을 감소시킴에 따라 거래관계에 긍정적인 영향을 미칠 수 있음을 개념적으로 제시함과 동시에 실증적으로 분석하였다.

이들 상호의존성과 관련된 연구들 외에도 힘의 구조와 거래관계에 대한 연구들이 존재하는데, Cook and Emerson(1978)은 거래당사자 간 힘의 상대성에 대한 연구에서 상대적인 힘의 열위에 있는 기업은 상대방의 월등한 보복능력을 인식하여 상대에 대한 비우호적 행위를 자제하게 된다는 것이다. 또한 이와 유사하게 Frazier and Summers(1986)의 연구는 힘의 배분 구조와 영향전략과의 관계에 대한 연구에서 힘의 구조가 불균형을 이룰 경우에 강자의 입장에 있는 기업은 거래관계상의 효과적인 조화를 이끌어낼 수 있음과 동시에 상대적으로 약자의 입장에 있는 기업들은 거래관계의 성과증대를 위해서 이들에게 우호적으로 반응하게 됨을 실증적으로 보여주었다. 이와 같이 상호의존성의 불균형성과 갈등 간 관계에 대해서 상반된 견해를 제시하는 기존 연구들이 존재하고 있으며, 이에 따라 본 연구에서는 상호의존성의 불균형성과 갈등 간 관계에 대해서 두 가지 이론(쌍무적 억제이론, 갈등나선형이론)에 근거한 상반된 연구가설을 제시하고자 한다.

마케팅 분야에서 상호의존성의 불균형성과 갈등 간 관계에 대한 구체적인 이론적 근거를 제시한 연구들로서는 Kumar et al(1995, 1998) 등의 연구가 존재한다고 하였다. 이들은 쌍무적 억제이론을 이론적 근거로서 제시하였는데, 이 이론에 근거하면 상호의존성이 불균형을 이루게 됨에 따라 상대적으로 높은 수준의 힘을 지닌 기업이 존재하게 되고, 이러한 기업은 상대방에게 비우호적 행위를 하더라도 상대방에게 보복당할 가능성이 감소하게 되어 보복에 대한 두려움(fear of retaliation)이 감소하게 되며 이에 따라 비우호적 행위를 자제할 가능성이 감소하게 된다. 반대로 상대방에게 의존도가 높은 기업은 자신의 행위와 상관없이 상대방이 비우호적 행위를 할 수 있다고 생각하기 때문에 상대기업에 대해 매우 비우호적 성향을 갖게 된다. 따라서 상호의존성이 불균형을 이룰 때 거래당사자 모두의 비우호적 행위가 발생할 확률은 증가하게 되어 갈등이 증가할 것이라고 제안할 수 있다(Lawler 1986; Lawler, Ford and Blegen 1988).

연구가설 2: 상호의존성의 불균형성이 증가함에 따라 갈등이 증가할 것이다.

2.2. 상호의존성의 불균형성과 갈등 간 부정적 관계

그러나 사회학 분야에서는 쌍무적 억제이론 외에 상호의존성의 불균형성과 갈등 간 관계를 설명할 수 있는 대안적 이론으로서 갈등나선형이론이 존재한다고 하였다(Lawler 1986; Lawler, Ford and Blegen 1988).

다양한 연구들(Deutsch and Krauss 1962; Pruitt 1981)에서 갈등나선형 이론에 대해 설명하고 있는데, 기본적으로 거래당사자가 지닌 힘이 서로 균형을 이루고 있음을 가정한다. 이에 Lawler(1986)의 연구와 Lawler, Ford and Blegen(1988)의 연구에서는 갈등나선형 이론을 거래관계상에서 힘이 불균형을 이룰 경우에도 확장하여 설명하고자 했다.

그들에 따르면 거래관계에서 힘이 불균형을 이룰 때, 상대적으로 힘이 우월한 당사자는 상대방의 공격가능성이 낮다고 예상하여 상대방에 대해 비우호적 행위를 하지 않더라도 자신이 원하는 바를 얻을 수 있다고 믿게 되며, 결과적으로 비우호적 행위를 자제하게 된다. 또한 상대적으로 힘의 열위에 있는 당사자는 힘의 차이에 의해 상대방에게 비우호적 행위를 할 경우 자신의 성과가 증대되지 않을 것이라고 예상해서 상대방에게 비우호적 행위를 자제하게 되며 마찬가지로 비우호적 행위를 자제하게 된다. 결과적으로 거래당사자 모두의 비우호적 행위가 발생할 확률은 감소하게 되어 갈등이 감소한다는 것이다(Lawler 1986; Lawler, Ford and Blegen 1988). 또한 거래관계를 맺고 있는 개별 거래당사자들이 갖고 있는 힘이 유사할 때는 상대방에 대해 자신의 처벌력을 보임으로써 상대적 우위를 차지하기 위해서 상대방에 대한 비우호적 행위를 행사한다는 Gaski and Nevin(1985)의 연구도 이와 같은 맥락으로 해석할 수 있다.

이상과 같이 갈등나선형 이론은 처벌력과 갈등과의 관계에 대한 이론이다. 이는 쌍무적 억제이론도 마찬가지이나, Kumar et al(1995)의 연구에서도 언급했듯이, 힘의 원천이 의존성임을 제시한 기존 연구들에 근거하여,

두 이론을 의존성과 갈등과의 관계에 적용하는 것이 가능할 것이다. 대표적인 기존연구로서 Emerson(1962)의 연구가 있는데, 그는 힘-의존성 이론(power-dependence theory)을 제시하면서 힘과 의존성의 관계에 대해 설명하였다. 그에 따르면 힘과 의존성은 동전의 앞뒤와 같다고 하면서 의존성은 힘의 역의 개념으로 보고 있고, 이러한 견해에 따르면 자신이 상대방에 대해 갖게 되는 힘의 크기는 상대방이 자신에게 갖게 되는 의존성에 의해 결정된다고 하였다. 따라서 힘에 관련된 두 가지 이론을 의존성의 개념에 적용하는 것은 방향만 달라질 뿐이며 결론은 마찬가지라고 할 수 있다. 따라서 갈등나선형 이론에 근거하여 상호의존성의 불균형성과 갈등 간의 관계를 설명해 보자면, 상호의존성의 불균형이 증가할수록 갈등이 감소하게 되는 이유는 의존성이 높은 거래당사자의 비우호적 행위성향의 감소와 의존성이 높은 상대방으로부터 공격당할 확률이 감소하기 때문이라고 할 수 있다(Lawler 1986; Lawler, Ford and Blegen 1988).

정리하자면 Lawler(1986), Lalwer et al(1988) 등은 초기 갈등나선형이론을 활용하여 거래당사자 간 힘이 불균형을 이룰 경우에 어떠한 형태로 힘을 행사하는지도 살펴보았는데, 이때에도 힘의 총합이 힘의 행사에 영향을 미칠 경우 작용하는 두 가지 인지요소가 영향을 미치기는 하지만 힘의 열위 또는 우위에 따라 개별 인지요소의 중요도는 달라진다고 제안하였다. 갈등나선형이론에 따르면 힘의 우위에 있는 거래당사자는 주로 상대방의 공격예상에 의해 힘의 행사여부를 결정한다고 가정하는데, 자신이 힘의 우위에 있기 때문에 구태여 힘을 행사하지 않더라도 상대방으로부터 순종(compliance)을 이끌어 낼 수 있으므로 힘을 행사할 필요성을 느끼지 못하여 힘을 행사하지 않게 되며, 반대로 힘의 열위에 있는 거래당사자는 힘을 행사하여 얻을 이득이 적음을 알기 때문에 힘을 행사하고자 하는 유혹을 적게 느끼게 되고 결과적으로 힘을 행사하지 않을 것이라는 것이다. 결과적으로 갈등나선형에 이론에 따르면 거래당사자 모두가 힘을 행사하지 않게 됨에 따라 갈등은 감소하게 될 것이다.

연구가설 2$_{alt}$: 상호의존성의 불균형성이 증가함에 따라 갈등이 감소할 것이다.

3. 신뢰의 조절효과

경제적 교환에서의 신뢰는 어떠한 거래에서든 당사자들이 조화롭게 행동하기 위해 성실한 노력을 하고 협상에 있어서 정직하며 기회주의적 행동의 발휘가 가능할지라도 상대를 기만하지 않으리라는 기대감으로 정의된다(Dasgupta 1988).

사회학 분야에서의 신뢰는 사회 시스템내의 관계에 기반을 두는 총체적 속성으로 정의하였는데, Rotter(1967)는 신뢰에 대한 초기 연구에서 신뢰의 주체자가 다른 개인이나 집단이 구두나 문서로 작성한 약속을 믿을 수 있을 것이라고 지각하는 일반화된 기대라고 정의하였다. 또한 조직연구에서의 신뢰에 대한 연구는 Mayer, Davis and Schoorman(1995)의 연구가 대표적인데, 이들은 신뢰란 '거래당사자가 자신에 대한 감시, 통제력의 보유여부에 상관없이 자신에게 긍정적인 행동을 할 것이라는 기대를 바탕으로 한 행동을 기만하지 않으려는 의지'라고 정의하였다. 이러한 연구들과 유사하게, 대부분의 마케팅 유통 연구들에서 신뢰를 '자신의 거래 파트너를 정직하고 호의적이라고 믿는 정도'로 정의하고 있으며, 구체적으로 자신의 파트너가 믿을만하고, 약속을 지키며, 정해진 역할을 충실히 수행하고, 진실하다라고 믿는 정도를 의미하고 있다(Anderson and Narus 1990; Dwyer, Schurr and Oh 1987).

본 연구에서는 신뢰의 수준에 따라서 상호의존성의 불균형성이 갈등에 미치는 영향에 대한 이론적 근거로서 쌍무적 억제이론과 갈등나선형이론이 상이하게 적용됨을 제시하고자 한다. 이를 위해 신뢰수준이 낮은 경우와 높은 경우를 구분하여 각 경우에 대립되는 두 이론을 적용하여 상호의존성의 불균형성과 갈등의 관계를 설명할 것이다.

신뢰에 관련된 다양한 연구들에서 신뢰는 기회주의를 억제하는 지배기제

(governance mechanism)로서의 역할을 수행한다고 제시하고 있다(Singh and Sirdeshmukh 2000). 거래비용이론에 의하면 거래관계에서 기회주의적 성향은 필연적으로 존재하는 것으로서 지배기제가 존재하지 않을 경우 이러한 성향은 언제든지 행위로서 발생할 수 있다고 본다(Williamson 1979). 따라서 지배기제로서의 역할을 수행할 수 있는 신뢰의 수준이 낮은 경우 거래당사자들은 상대방의 기회주의적 행위, 즉 비우호적 행위에 대한 불안감을 갖게 된다.

이와 같은 상대방의 비우호적 행위에 대한 불안감은 쌍무적 억제이론에서 상호의존성의 불균형성과 갈등 간 관계를 설명하는 기본적인 요소로서 해석할 수 있다. 즉 쌍무적 억제이론에 의하면, 힘의 우위에 있는 거래당사자는 자신의 이익을 위해 상대방에 대한 비우호적 행위를 억제할 필요성 또는 지배기제가 없기 때문에 비우호적 행위를 하는 것이며, 반면에 힘의 열위에 있는 거래당사자는 힘의 우위에 있는 상대방이 자신의 힘에 근거하여 비우호적 행위, 즉 기회주의적 행위를 할 것이라는 두려움에 근거하여 자신의 이익을 보호하기 위해서 상대방에 대한 비우호적 행위를 하게 된다고 제시하였다(Lawler 1986; Lawler, Ford and Blegen 1988).

정리해보면 쌍무적 억제이론에서는 거래당사자 모두가 상대방에 대한 자신의 이익을 우선시하며, 상대방에 대한 부정적인 기대의 형성을 가정하고 있음을 알 수 있다. 이러한 가정들은 신뢰와 관련된 기존 연구들에서 제시한 높은 신뢰의 특성과 반대되는 개념들로서 쌍무적 억제이론은 낮은 수준의 신뢰를 가정하고 있다고 할 수 있음을 알 수 있다(Ganesan 1994; Morgan and Hunt 1994). 따라서 낮은 수준의 신뢰가 형성된 경우 쌍무적 억제이론에 근거하여 상호의존성의 불균형성이 높아짐에 따라 갈등은 증가할 것이다.

반면에 거래관계상에서 높은 수준의 신뢰가 형성될 경우 거래당사자들은 상대방의 향후 행동에 대한 높은 예측가능성을 갖게 되며, 동시에 해당 거래관계를 지속하고자 하는 의지가 높게 형성된다(Morgan and Hunt

1994). 동시에 상대방에 대한 긍정적인 기대를 하게 되고 상대방의 역량에 대한 강한 믿음을 갖게 됨에 따라 자신이 불이익을 당할 수 있는 상황에서도 거래관계를 지속하고자 한다(Coleman 1990; Ganesan 1994).

이와 같은 상대방에 대한 긍정적인 기대와 높은 예측가능성 등은 갈등나선형이론에서 상호의존성의 불균형성이 갈등에 미치는 영향을 설명하는 기본적인 논리와 유사하다. 즉 갈등나선형이론에 의하면, 힘의 우위에 있는 거래당사자는 구태여 힘을 행사하지 않더라도 상대방으로부터 순종(compliance)을 이끌어낼 수 있을 것이라는 긍정적인 기대(positive expectation)에 근거하여 힘을 행사할 필요성을 느끼지 못하여 힘을 행사하지 않는다고 제안하였고, 또한 힘의 열위에 있는 거래당사자도 상대방에 대한 비우호적 행위가 거래성과를 증대시키지 않는다고 예상함에 따라 상대방에 대한 비우호적 행위의 필요성을 느끼지 못한다고 제안하였다(Lawler 1986; Lawler, Ford and Blegen 1988).

이때 힘의 우위에 있는 거래당사자가 갖는 상대방에 대한 긍정적인 기대와 힘의 열위에 있는 거래당사자가 갖게 되는 거래상대방에 의한 성과증대의 믿음은 높은 신뢰의 기본적인 특성이다(Ganesan 1994; Morgan and Hunt 1994). 즉 갈등나선형이론에서는 기본적으로 상대방에 대한 신뢰를 가정하는 것으로서, 힘의 우위에 있는 거래당사자는 상대방이 자신에 대한 기회주의적 행위를 행하지 않을 것이라는 믿음을 갖는 것이며, 힘의 열위에 있는 거래당사자도 자신의 성과를 위해서는 상대방과의 거래가 필요하다고 인식하며, 동시에 상대방이 힘의 우위에 근거한 기회주의적 행위를 할 수 있음에도 불구하고 그러한 취약성(vulnerabily)을 기꺼이 감수하고자 함을 가정하고 있다고 할 수 있다. 특히 이러한 취약성에 대한 감수는 신뢰의 기본적인 특성임을 기존연구들에서 제시하고 있다(Coleman 1990). Coleman(1990)에 의하면 신뢰상황에 대해 상대방의 기회주의적 행위에 대한 위험을 기꺼이 감수하고 거래성과에 의존하는 것이라고 정의하고 있다. 따라서 높은 수준의 신뢰가 형성된 경우 갈등나선형이론에 근거하여 상호의존성의 불균형성이 증가함에 따라 갈등은 오히려 감소할 것이다.

요약하자면 신뢰의 수준에 따라 대립되는 두 이론인 쌍무적 억제이론과 갈등나선형이론에 근거하여 상호의존성의 불균형성과 갈등 간 관계를 다르게 예측할 수 있고, 이에 따라 상호의존성의 불균형성과 갈등 간 관계는 신뢰수준에 따라 상이하게 형성될 것이다. 즉 신뢰가 낮은 경우에 상호의존성의 불균형성이 증가함에 따라 갈등은 증가할 것이며, 반면에 신뢰가 높은 경우에는 상호의존성의 불균형성이 증가함에 따라 갈등은 오히려 감소할 것이다.

연구가설 3: 상호의존성의 불균형성과 갈등 간 관계는 신뢰수준에 따라 다르게 형성될 것이다.

Ⅲ. 연구방법

1. 표본 및 자료수집 절차

본 연구는 유통경로구성원 간의 관계를 연구대상으로 하며, 마케팅 영역에서 상호의존성과 갈등 간의 관계에 대해 연구한 기존 연구들과 마찬가지로 산업재 시장을 연구대상으로 설정하였다(Gundlach and Cadotte 1994; Kumar et al 1995). 구체적인 연구대상은 소방관련 전문공사업체들과 공사재료 및 장비를 제공하는 업체들 간의 거래관계로서, 설문지 방법을 활용하여 전문공사업체들에게 거래관계상의 다양한 측면들에 대해 응답하도록 하였다. 구체적인 실제 자료수집과정은 전체 158개 업체의 전문공사업체와 접촉하여 거래량기준으로 상위의 특정 공급업체에 대해서 응답하도록 하였다. 회수된 설문지들 중 불성실한 설문지 등을 제거한 96개 거래관계 데이터를 실제 분석에 활용하였다.

2. 개념의 조작적 정의

상호의존성에 대한 정의는 기본적으로 Kumar et al(1995)의 연구에서 제시된 정의를 따르고자 한다. 이들에 의하면 상호의존성은 상호의존성의 총합과 불균형성으로 나누어 볼 수 있으며, 이때 상호의존성의 총합은 개별 거래당사자 각각의 의존성을 합한 것이고, 상호의존성의 불균형성은 개별 거래당사자 각각의 의존성의 차이라고 정의하였다. 또한 이들은 의존성의 조작적 정의로서 '대체가능성'을 활용하여 3개의 항목을 제시하였고, 본 연구에서도 이들이 제시한 3개의 항목을 해당 시장에 적합한 항목으로 수정하여 7점 리커트 척도로 측정하였다. 또한 Kumar et al(1998)의 연구에서는 대체가능성과 함께 관계가치(value)도 의존성을 구성하는 측면이라고 제시하였는데, 본 연구에서도 대체가능성과 함께 관계가치측면도 고려하여 총 7개 항목으로 의존성을 측정하였다.

또한 상호의존성과 함께 본 연구에서 제시한 연구 구성개념인 갈등은 사회심리학의 영역에서 주로 연구되어 온 개념으로 매우 다양한 정의가 존재한다. 갈등의 초기 연구로서, Raven and Kruglanski(1970)의 연구에서 내린 갈등의 정의를 보면, 실제 혹은 기대되어지는 제반 반응들의 비 양립성으로부터 야기되는 둘 혹은 그 이상의 사회적 실체들(개인, 집단 혹은 더 큰 조직들) 간의 긴장상태라고 정의되었으며, 최근의 유통연구에서는 하나의 경로구성원이 자기의 목표들을 달성함에 있어 다른 경로구성원이 방해하거나 해롭게 하는 행동에 종사하고 있다고 지각하는 상태로서 정의하였다(Coughlan, Anderson, Stern and El-Ansary 2001).

실증적 연구에서는 이러한 정의에 바탕을 둔 다양한 형태의 갈등을 제시하고 있는데, 갈등에 대한 대표적인 형태로서는 잠재적 갈등(latent conflict)과 명시적 갈등(manifest conflict)이 존재한다. Kumar et al(1995)의 연구에서는 갈등의 형태로서 지각된 갈등(perceived conflict)을 제시하였으나 정의상 명시적 갈등과 유사하며, Gundlach and Cadotte(1994)는 갈등의 감정(residual feelings of conflict)으로서 갈등을 측정하였으나, 갈등의 감정은 명시적 갈등 후의 갈등에 대한 지각치로서 명시적 갈등과 동일한 개념으로 볼 수 있다(Dwyer, Schurr and Oh 1987). 또한 Frazier and Rody(1991)의 연구에서도 나와 있듯이 잠재적 갈등은 단순히 거래횟수만 증가하더라도 증가할 수 있는 개념으로서 구체적인 갈등상태라고 하기 어렵다. 따라서 본 연구에서는 갈등의 형태로서 명시적 갈등을 제시하였으며, Brown and Day(1981)의 연구와 Frazier and Rody(1991)의 연구에서 제시한 개념을 토대로 소방산업의 전문가인터뷰 및 여러 차례의 사전조사를 통해서 총 10개 항목의 명시적 갈등을 구성하였다.

마지막으로 본 연구에서 상호의존성의 불균형성과 갈등 간 관계에 대한 조절변수로서 제시한 신뢰는 유통경로상 신뢰에 대한 대부분의 연구에서 활용해 왔던 Ganesan(1994)의 연구에서 제시된 측정항목들을 활용하여 신뢰성(credibility)과 호혜성(benevolence)의 두 차원으로 구분하여 각 차원별로 3개 항목으로 측정하였다.

Ⅳ. 실증검증

본 연구는 기본적으로 회귀분석을 활용하여 상호의존성의 총합 및 불균형성과 갈등 간 관계와 상호의존성의 불균형성과 갈등 간 신뢰의 조절효과를 검증하였다. 연구가설의 검증에 앞서 본 연구에서 제시한 측정도구들에 대한 신뢰성 및 타당성 분석을 SPSS 10.0 통계패키지와 LISREL 8.30 패키지를 활용하여 실시하였다. 신뢰성 검증과 타당성 검증은 모두 두 단계로 이루어 졌는데, 신뢰성 검증을 위해서 먼저 SPSS 10.0 통계패키지를 활용하여 내적 일관성(internal consistency) 분석을 실시하였다. 또한 타당성 검증을 위해 탐색적 요인분석(EFA: Exploratory Factor Analysis)을 실시하여 부적절한 항목들을 사전에 제거한 후 확증적 요인분석(CFA: Confirmatory Factor Analysis)을 실시하였다.

1. 신뢰성 및 타당성 검증

먼저 제시된 측정항목들에 대한 신뢰성을 분석하였다. 신뢰성을 검증하기 위해서 먼저 크론바하 알파계수(cronbach's alpha)를 활용하여 내적 일관성(internal consistency)분석을 실시하였다. 〈표 1〉을 통해서도 알 수 있듯이 모든 측정항목들의 크론바하 알파계수는 .90 이상을 나타내고 있으며, 이는 Nunnally(1978)가 기준으로서 제시한 .70보다 훨씬 높으므로 모든 측정항목들의 내적 일관성은 충분하다고 결론내릴 수 있다.

<표 1> 내적 일관성 분석

연구변수	cronbach's alpha
의존성	.9175
명시적 갈등	.9646
신 뢰	.8696

다음으로는 타당성 검증을 위해 먼저 SPSS 10.0 통계패키지를 활용하여 탐색적 요인분석을 먼저 실시하였다. 분석결과 대부분의 측정항목들이 제시된 요인들에 속하는 결과가 도출되었으며, 이들 항목들 모두를 포함시켜 확증적 요인분석을 LISREL 8.30패키지를 활용하여 실시하였다.

모든 측정항목들을 포함하여 확증적 요인분석을 실시하였으나, 전체적인 적합도 지수들이 매우 낮게 나왔고, 이에 따라 수정지수들(modification indices)에 근거하여 반복적으로 확증적 요인분석을 실시하였다. 최종적으로 일부 항목들을 제외한 확증적 요인분석의 결과는 〈표 2〉에 정리되어 있다. 확증적 요인분석을 실시한 결과 카이제곱 적합도 지수(χ^2 goodness-of-fit index)는 통계적으로 유의하지 않은 결과를 보이고 있다($\chi^2 = 68.42$, p=.27; $\chi^2 = 60.48$, p=.17). 또한 나머지 적합도 지수들도 대체로 양호하게 도출되었다. 〈표 2〉에서 알 수 있듯이 모든 측정항목들의 요인적재량들은 1% 유의수준에서 통계적으로 유의미하며, 전체적인 적합도 지수들도 대체적으로 양호

한 값들을 보이고 있다(GFI=.90, CFI=.99, NFI=.93, NNFI=.99, RMSEA
=.024). 이상과 같은 결과를 토대로 본 연구에서 제시한 변수들의 수렴타당
성(convergent validity)과 판별타당성(discriminant validity)은 양호한 것으
로 결론내릴 수 있다.

　다음 절에서는 이와 같이 다양한 신뢰성검증 및 타당성검증을 통해 최종
적으로 도출된 측정항목들을 활용하여 연구가설에 대한 실증분석을 살펴보
고자 한다.

<표 2> 측정모델

항　목	의존성	갈　등	신　뢰
1	0.76(8.33)	-	-
2	0.85(9.80)	-	-
3	0.81(9.10)	-	-
4	0.83(9.46)	-	-
1	-	0.77(8.82)	-
2	-	0.88(10.89)	-
3	-	0.94(11.98)	-
4	-	0.82(9.69)	-
5	-	0.88(10.76)	-
1	-	-	0.70(7.66)
2	-	-	0.74(8.13)
3	-	-	0.92(11.42)
4	-	-	0.89(10.78)
χ^2	68.42(P=0.27)		
GFI	0.90		
CFI	0.99		
NFI	0.93		
NNFI	0.99		
RESEA	0.024		

2. 가설검증

연구가설에 대한 실증분석은 아래에 제시된 회귀식을 활용하여 실시하였다. 또한 기존 상호의존성과 관련된 연구들을 살펴보면 상호의존성의 불균형성에 대한 두 가지의 대표적인 분석방법이 존재한다. 첫 번째 방법은 Anderson and Narus(1990), Gundlach and Cadotte(1994) 등의 연구에서 활용한 방법으로 상호의존성의 불균형성을 의존성의 상대적 차이(relative difference)로서 개별 거래당사자의 의존성을 단순히 뺀 값으로 측정하는 것이며, 두 번째 방법은 Geyskens, Steenkamp, Scheer and Kumar(1996), Kumar et al(1995) 등의 연구에서 활용한 의존성 차이의 절대값 형태가 있다. 본 연구에서는 보다 최근에 활용되었던 두 번째 방법에 의해서 상호의존성의 불균형성을 정의하고자 하였다.

연구가설을 회귀식으로 표현하면 아래와 같이 표현될 수 있으며 종속변수는 명시적 갈등을 제시하였다. 회귀식에 포함된 상호작용항(interaction term)은 상호의존성의 불균형성과 신뢰 간 상호작용효과를 검증하기 위해 포함되었다. 회귀분석은 SPSS 10.0 통계패키지를 활용하여 실시하였다.

회귀식)　$+ Y = \beta_1{}^*X_1 + \beta_2{}^*X_2 + \beta_3{}^*X_3 + \beta_4{}^*X_2{}^*X_3 + \varepsilon$

$\quad Y = $ manifest conflict
$\quad X_1 = $ magnitude of interdependence
$\quad X_2 = $ asymmetry of interdependence
$\quad X_3 = $ trust

회귀분석을 통한 분석결과는 〈표 3〉에 정리되어 있다. 상호의존성의 총합이 증가함에 따라 갈등이 감소함을 보여주고 있으며($\beta = -.275$, $p < .01$), 이는 연구가설 1을 지지하는 결과이다. 이는 기존 상호의존성의 총합과 갈등 간 관계에 대한 유통연구들에서 보여준 실증분석 결과와 일치하는 결과이며, 대립되는 두 이론 중 쌍무적 억제이론을 지지하는 것임을 알 수 있

다. 다음으로 상호의존성의 불균형성과 갈등 간 직접적인 관계에 대해서 검증하고자 한다. 〈표 3〉에서도 알 수 있듯이 거래관계상 의존구조가 불균형적으로 형성될수록 갈등이 증가됨을 알 수 있는데(β = .208, p<.05), 이는 쌍무적 억제이론의 견해와 동일하다.

이러한 분석결과는 Kumar et al(1995)의 기존 분석결과와 일치하는 것으로서 유통경로상에서 상호의존성의 두 차원과 갈등 간 직접적 관계는 쌍무적 억제이론에 의해 설명됨을 다시 한 번 보여주는 결과라고 할 수 있다.

상호의존성의 불균형성과 갈등 간 관계에 대한 신뢰의 조절효과에 대해서도 본 연구에서 제시한 연구가설을 지지하는 분석결과를 보이고 있다. 연구목적에서 밝혔듯이 본 연구는 상호의존성의 두 차원들 중 상호의존성의 불균형성에 초점을 맞추고 있다. 이는 상호의존성의 총합과 갈등 간 관계에 대해서는 기존 연구들에서 일관된 결과를 보이고 있으나 상호의존성의 불균형성과 갈등 간 관계에 대해서는 기존 연구들에서 상반된 견해와 분석결과들이 제시되었음에 근거한다(Gundlach and Cadotte 1994; Kumar et al 1995). 〈표 3〉에서 알 수 있듯이 상호의존성의 불균형성이 증가함에 따라 갈등이 증가하지만 신뢰가 증가함에 따라 상호의존성의 불균형성과 갈등 간에는 부정적인 관계를 형성하게 된다. 이러한 분석결과를 통해 신뢰가 낮은 경우에는 쌍무적 억제이론에 근거하여 상호의존성의 불균형성과 갈등 간 관계를 설명할 수 있고, 신뢰가 높은 경우에는 갈등나선형이론에 근거하여 상호의존성의 불균형성과 갈등 간 관계를 설명할 수 있음을 보여주었다.

〈표 3〉 회귀분석

독립변수	비표준화계수	표준화계수	t값
Magnitude	-.275	-.374	-3.836**
Asymmetry	.208	.199	2.009*
Trust	-.411	-.361	-2.997**
Asymmetry*trust	-.395	-.283	-2.120*
R^2 = .199(F = 5.901 ; p = .001)			

* p<0.05 / ** p<0.01

V. 결 론

  의존성은 유통경로상에 존재하는 기본적인 특성으로 의존성이 존재하지 않는 유통경로는 존재하지 않는다(Coughlan, Anderson, Stern and El-Ansary 2001). 유통연구 분야에서의 상호의존성에 대한 연구는 그 자체로서 의의를 지니지만, 대부분의 기존 연구들은 과거 Emerson(1962)이 제시한 개념적 정의를 그대로 따르고 있다. 최근 유통경로구성원 간의 관계에 대한 다양한 연구들에서 제시한 연구모델들에는 의존성 개념이 포함되어 있지만 의존성에 초점을 둔 연구들은 별로 존재하지 않는다. 본 연구에서는 유통연구의 기본 개념이라고 할 수 있는 의존성 개념에 대한 중요성을 다시 강조하고, 기본적인 거래형태인 양자적 거래관계(dyadic relationship) 속에서 의존성 개념을 확장시킨 상호의존성 개념을 재조명하고자 하였으며, 분석결과들에 대해서 간략하게 살펴보면 다음과 같다.

  상호의존성의 총합과 갈등 간 직접적 관계에 대해서 기존 유통연구들과 동일한 결과를 보여주고 있는데, 이는 쌍무적 억제이론을 지속적으로 지지하는 결과로서 해석할 수 있다(Gundlach and Cadotte 1994; Kumar et al 1995). 또한 상호의존성의 불균형성과 갈등 간 직접적인 관계에 대해서도 Kumar et al(1995)의 분석결과와 동일한 결과를 보임으로써 쌍무적 억제이론을 지지하였다. 상호의존성의 불균형성과 갈등 간 관계에 대한 신뢰의 조절효과에 대한 검증은 본 연구의 주요 연구목적으로서, 연구가설에서 제시한 바와 같이 신뢰의 정도에 따라 상반된 두 이론인 쌍무적 억제이론과 갈등나선형이론에 의해 개별적으로 설명되었다. 즉 갈등에 대해서 상호의존성의 불균형성과 신뢰 간 유의한 조절효과를 보였는데, 신뢰가 낮은 경우 상호의존성의 불균형성이 증가함에 따라 갈등이 증가하지만 신뢰가 증가함에 따라 상호의존성의 불균형성이 증가할수록 갈등은 오히려 감소하는 분석결과를 보였다.

연구의의의 측면에서 상호의존성과 갈등 간 관계에 대한 다양한 기존 연구들을 토대로 학문적으로 재조명하고자 함을 주요 연구목적으로 삼고 있으므로 중요한 학문적 의의를 갖는다고 할 수 있다. 즉 기존 유통연구에서 이론적 근거로서 제시한 쌍무적 억제이론 외에 대립되는 이론인 갈등나선형 이론을 제시하여 상호의존성과 갈등 간 관계에 대한 보다 정확한 실증분석을 실시하였을 뿐만 아니라 조절변수로서 신뢰를 제시하여 신뢰수준에 따라 상이한 두 이론이 적용될 수 있음을 실증적으로 보여주었다.

반면에 단순한 개념들만을 제한적으로 제시함에 따라 실제 실무적 활용 측면에서 가지는 의의는 미흡하다고 할 수 있다. 그러나 상호의존성의 불균형성에 대해서 기존 연구들에서 제시한 견해와 상이한 견해를 제시함으로써 가지는 실무적 의의는 다음과 같다. Kumar et al(1995)는 추가분석에서 완전히 균형적인 거래관계에서 긍정적 거래성과를 보이고 있음을 제시하며 실제 거래관계에서도 균형적인 상호의존관계를 형성하는 것이 거래성과를 높일 수 있는 방법이라고 제안하였다. 또한 Emerson(1962)도 불균형적 의존관계는 상대적으로 의존성이 높은 당사자를 취약하게 할 수 있으므로 균형적 거래관계가 바람직하다고 제안하였다. 그러나 특정상황에서는 불균형적 상호의존성이 형성된 경우에도 우호적인 거래관계가 형성될 수 있음을 본 연구에서는 보여주고 있다. 본 연구에서는 신뢰수준으로서 특정상황을 정의하였는데, 상대방에 대한 신뢰수준이 높은 경우 자신이 상대방보다 힘의 우위에 있더라도 상대방에 대한 비우호적 행위를 자제함을 분석결과에서 보여주고 있다. Emerson(1962)은 자신이 상대방보다 자신의 의존성이 상대적으로 높은 경우 의존성의 균형상태를 형성하는 것이 유리하다고 제안하였으나, 이 외에도 자신에 대한 상대방의 신뢰수준을 높임으로써 의존성의 불균형성을 극복할 수 있음을 보여주고 있으며, 동시에 신뢰형성에 따른 거래관계의 발전도 기대할 수 있을 것이다(Morgan and Hunt 1994).

본 연구는 거래관계에 영향을 미칠 수 있는 다양한 요인들 중에서 상호의존성과 갈등에 초점을 두고 보다 명확한 이론적 근거를 제시함과 동시에 상호의존성과 갈등 간 관계에 대한 새로운 견해를 제시했다는 학문적 의의를 지니지만 몇몇 한계점도 내포하고 있다. 최근의 유통연구들은 거래관계에 영향을 미칠 수 있는 주요 요인들을 가급적 포괄적으로 포함시킨 연구모델들을 제시하고 있으며 분석방법도 구조방정식모형(structural equation modeling)과 같은 포괄적 분석방법을 활용하고 있다. 그러나 본 연구에서는 상호의존성과 갈등 등의 한정된 관계변수들만을 제시하였다. 즉 상호의존성의 기본적 특성에 대한 연구로서 다양한 변수들을 고려하지 않았으며 결과적으로 실제 거래관계에 대한 활용측면에서 미흡하다. 따라서 후속연구로서는 본 연구에서 실증적으로 검증된 상호의존성의 특성을 토대로 갈등 외에 다양한 결과변수 및 선행변수들을 포함한 포괄적 연구모형을 제시하고 실증적으로 분석하여 실제 거래관계에 대한 실용적 가치를 향상시켜야 할 것이다.

둘째로 연구상황상의 한계점을 제시할 수 있는데, 본 연구는 다양한 산업재 시장 중 소방설비산업을 대상으로 실증분석을 실시하였다. 물론 소방설비산업이 다른 산업재 시장과 특별한 차이점을 보이고 있지 않으며, 대부분의 다른 산업재 시장과 유사하게(Buchanan 1992; Kumar et al 1995, 1998) 구매업체집단(소방설비 공사업체)의 힘이 상대적으로 높기는 하지만 이는 본 연구의 일반화 가능성을 저해할 수 있다. 또한 양자적 자료(dyadic data)의 수집을 위해 전체 집단에서 일부 표본을 누락시켰는데, 이는 분석결과의 일반화 가능성을 저해하고 있다. 따라서 본 연구의 일반화 가능성을 높이기 위해서는 다양한 산업군을 대상으로 보다 많은 표본수를 확보하여야 하며, 특정 산업군 외의 다양한 산업군에서의 거래관계특성들이 포함될 필요가 있고 더 나아가 기본적 특성 면에서 상이한 산업군들 간의 비교를 통해 실증적 연구가 이루어져야 할 것이다.

앞에서도 언급했듯이 본 연구에서는 상호의존성의 다양한 결과변수들 중 갈등을 결과변수로 제시하였고, 더욱이 여러 형태의 갈등 중 명시적 갈등을 갈등의 대표적 형태로서 제시하였다. 그러나 갈등의 형태에는 명시적 갈등 외에도 지각된 갈등(Kumar et al 1995), 잠재적 갈등(Frazier and Rody 1991), 갈등 후 감정(Gundlach and Cadotte 1994) 등의 다양한 형태가 존재한다. 물론 명시적 갈등이 기타 형태의 갈등들에 비해서 포괄적 개념의 갈등형태이기는 하지만(Frazier and Rody 1991), 상호의존성이 다른 형태의 갈등들과 다양한 관계를 갖을 가능성은 여전히 존재한다. 그러나 본 연구에서는 다른 형태의 갈등들과 상호의존성 간 관계에 대해서는 규명하지 못하였다.

마지막으로 본 연구에서는 신뢰만을 조절변수로서 제시하였는데, 조절변수에 대한 연구 이외에 기존 사회학 연구들에서 이미 상호의존성과 갈등 간 관계에는 특정 인지적 요소들이 존재한다고 제시한 바 있으므로 유통경로 구성원 간 관계에서는 이와 유사하거나 또는 상이한 변수들이 상호의존성과 갈등 간 관계를 매개할 수 있을 것이다. 즉 대표적인 매개변수들로서는 앞에서 언급했듯이 보복에 대한 두려움과 힘의 행사유혹이 존재할 수 있고, 이외에도 기존 연구들에서 제시한 상호의존성의 다양한 결과변수들이 상호의존성과 갈등 간 관계를 매개할 수 있을 것이다. 또한 조절변수로서 제시된 신뢰뿐만 아니라 다양한 조절변수들도 존재할 수 있을 것이다.

참고문헌

Anderson, James C. and James A. Narus (1990), "A Model of the Distributor's Perspective of Distributor-Manufacturer Working Relationships," *Journal of Marketing*, 48(Fall), pp.62-74.

Brown, James R. and Ralph L. Day(1981), "Measures of Manifest Conflict in Distribution Channels," *Journal of Marketing Research*, 18(August), pp.263-274.

Buchanon, Lauranne (1992), "Vertical Trade Relationships: The Role of Dependence and Symmetry in Attaining Organizational Goals," *Journal of Marketing Research*, 29(February), pp.65-75.

Coleman, J. S.(1990), *Foundations of Social Theory*, Cambridge, MA: Belknap Press of Harvard University Press.

Cook, Karen S. and Richard M. Emerson(1978), "Power, Equity and Commitment in Exchange Network," *American Sociological Review*, 43(October), pp.721-739.

Coughlan, Anne T., Erin Anderson, Louis W. Stern, and Adel I. El-Ansary(2001), *Marketing Channels*, Prentice Hall.

Dasgupta, Partha(1988), "Trust as a Commodity," in *Trust: Making and Breaking Cooperative Relations*, Diego Gambetta, ed. New York: Basil Blackwell, Inc.

Deutsch, M. and R. M. Krauss(1962), "Studies of Interpersonal Bargaining," *Journal of Conflict Resolution*, 6, pp.52-76.

Dwyer, F. Robert, Paul Shurr, and Sejo Oh(1987), "Developing Buyer-Seller Relationship," *Journal of Marketing*, 51(April), pp.11-27.

Emerson, Richard M. (1962), "Power-Dependence Relations," *American Sociological Review*, 27(February), pp.31-41.

Frazier, Gary and John Summers (1986), "Interfirm Power and Its Use Within a Franchise Channel of Distribution," *Journal of Marketing Research*, 23(May), pp.169-176.

Frazier, Gary and Raymond C. Rody (1991), "The Use of Influence Strategies in Interfirm Relationships in Industrial Product Channels," *Journal of Marketing*, 55(January), pp.52-69.

Ganesan Shankar(1994), "Determinants of Long-Term Orientation in Buyer-Seller Relationships," *Journal of Marketing*, 58(April), pp.1-19.

Gaski, John F. and John R. Nevin(1985), "The Differential Effects of

Exercised and Unexercised Power Sources in a Marketing Channel," *Journal of Marketing Research*, 22(May), pp.130-142.

Geyskens, Inge, Jan-Benedict E. M. Steenkamp, Lisa K. Scheer and Nirmalya Kumar(1996), "The Effects of Trust and Interdependence on Relationship Commitment: A Trans-Atlantic Study," *International Journal of Research in Marketing*, 13, pp.303-317.

Gundlach, Gregory T. and Ernest R. Cadotte (1994), "Exchange Interdependence and Interfirm Interaction: Research in a Simulated Channel Setting," *Journal of Marketing Research*, 31(November), pp.516-532.

Kumar, Nirmalya, Lisa K. Scheer, and Jan-Benedict E. M. Steenkamp (1995), "The Effects of Perceived Interdependence on Dealer Attitudes," *Journal of Marketing Research*, 32(August), pp.348-356.

Kumar, Nirmalya, Lisa K. Scheer, and Jan-Benedict E. M. Steenkamp (1998), "Interdependence, Punitive Capability, and the Reciprocation of Punitive Actions in Channel Relationships," *Journal of Marketing Research*, 35(May), pp.225-235.

Lawler, Edward J.(1986), "Bilateral Deterrence and Conflict Spiral: A Theoretical Analysis," pp.107-130 in *Advances in Group Processes*, vol. 3, edited by Edward J. Lawler, Greenwich, CT:JAI.

Lawler, Edward J., Rebecca S. Ford, and Mary A. Blegen (1988), "Coercive Capability in Conflict: A Test of Bilateral Deterrence Versus Conflict Spiral Theory," *Social Psychology Quarterly*, 51(2), pp.93-107.

Mayer, Roger C., James H. Davis, and F. David Schoorman (1995), "An Integrative Model of Organizational Trust," *Academy of Management Review*, 20(3), pp.709-734.

Molm, Linda D.(1987), "Power Dependence Theory: Power Processes and Negative Outcomes," pp.171-198 in *Advances in Group Processes*, vol. 4, edited by Edward J. Lawler, Greenwich, CT: JAI.

Morgan, M. P.(1977), *Deterrence: A Conceptual Analysis*, Beverly Hills, CA: Sage.

Morgan, Robert M. and Shelby D. Hunt(1994), "The Commitment-Trust Theory of Relationship Marketing," *Journal of Marketing*, 58(July), pp.20-38.

Nunnally, Jim C.(1978), *Psychometric Methods*, New York: McGraw Hill.

Pfeffer, Jeffrey and Gerald R. Salancik(1978), *The External Control of Organizations*, New York: Harper & Row Publisher, Inc.

Pruitt, D. C.(1981), *Negotiation Behavior*, New York: Academic Press.

Raven, Bertram H. and Arie W. Kruglanski(1970), "Conflict and Power," in *The Structure of Conflict*, Paul Swingle, ed.(New York: Academic Press), pp.69-109.

Rotter, Julian (1967), "A New Scale for the Measurement of Interpersonal Trust," *Journal of Personality*, 35(4), pp.651-665.

Singh, Jagdip and Deepak Sirdeshmukh(2000), "Agency and Trust Mechanisms in Consumer Satisfaction and Loyalty Judgments," *Journal of the Academy of Marketing Science*, 28(1), pp.150-167.

Williamson, Oliver E.(1979), "Transaction-Cost Economics: The Governance of Contractual Relations," *Journal of Law and Economics*, 22(October), pp.3-61.

〈부록 3〉

유통경로에 대한 상호의존성의 다양한 측정방법에 대한 탐색적 연구

Exploratory study in various measurements of channel interdependence

최근 들어 양자적 거래관계상에서 상호의존성은 필수적인 요소로 제시되고 있다. 그러나 상호의존성에 대한 조작적 정의는 매우 다양하게 제시되고 있으며, 이러한 다양한 조작적 정의에 대한 타당성을 충분히 검토하지 않은 채 여러 연구들에서 활용되고 있는 것이 사실이다. 이에 본 연구에서는 기존 연구들을 토대로 상호의존성의 다양한 조작적 정의를 제시하고 세 가지 유형의 갈등과 관계를 규명함으로써 개별 조작적 정의의 일반화가능성과 적합성 정도를 분석하여 보다 적합한 조작적 정의를 규명하고자 한다.

〈目 次〉

I. 서 론

유통경로상에서 의존성은 매우 중요한 요소로서 취급되어 왔는데, 이는 유통경로상 구성원 간 관계의 기본적인 특성으로서 의존성이 존재하지 않는 유통경로는 존재하지 않기 때문이다(Coughlan, Anderson, Stern and El-Ansary 2001). 즉 유통경로상 개별 기업들은 성과를 내기 위해 자원이 필요하며, 이러한 자원을 개별 기업들이 모두 소유하는 것은 현실적으로 불가능하다. 따라서 희소한 자원의 획득을 위해 다른 기업과의 의존적 관계형성은 필수적이라 할 수 있다(Pfeffer and Salancik 1978).

이러한 맥락에서 유통과 관련된 많은 마케팅 학자들이 의존성에 대한 연구를 해왔다(Anderson and Narus 1990; Buchanan 1992; Frazier and Summers 1984, 1986; Frazier and Rody 1991; Heide 1994). 그러나 Gundlach and Cadotte(1994)에 의해 상호의존성(interdependence)에 대한 연구가 본격적으로 진행되기 전의 연구들은 거래관계를 이루고 있는 거래당사자 중 일방에 대해서만 국한되어 진행되어 왔다. Gundlach and Cadotte(1994)는 거래관계를 이루고 있는 거래당사자들의 상대방에 대한 의존성을 측정하여, 개별 기업들의 의존성을 합한 총합(magnitude) 개념과 개별 기업들의 의존성의 차이인 불균형성(asymmetry) 개념을 제시하였고, 이러한 개념들과 영향전략(influence strategy) 및 갈등(conflict)이 어떠한 관계를 맺고 있는지를 살펴보았다. 이들 연구에 이어, Kumar, Scheer and Steenkamp(1995) 등은 Gundlach and Cadotte(1994)의 연구와 마찬가지로 상호의존성의 총합과 불균형성이 갈등, 신뢰(trust) 및 몰입(commitment) 등에 어떠한 영향을 미치는지를 살펴보았으나, Gundlach and Cadotte(1994)의 연구에서 상호의존성을 측정한 방법과는 상이하게 상호의존성의 개별 개념들을 측정하여 각 개념들이 갈등, 신뢰 및 몰입 등에 어떠한 영향을 미치는지를 설명하고자 하였다.

본 연구에서는 기본적으로 유통경로상에 형성된 상호의존성이 갈등에 어떠한 영향을 미치는가를 중요 연구대상으로 선정하였다. 그러나 상호의존성과 갈등 간 새로운 관계의 발견을 통한 이론적 연구로서가 아닌 상호의존성의 조작적 정의 및 측정방법 측면에 주안점을 두고자 하며, 덧붙여 다양한 갈등유형에 따라 상호의존성과 갈등 간 관계가 어떠한 양상을 보이는가를 살펴보고자 한다.

본 연구의 연구목적을 구체적으로 언급하자면, 첫째 상호의존성에 관한 기존 연구들을 토대로 상호의존성의 다양한 측정방법을 정리하고, 개별 측정방법에 따라 상호의존성과 갈등 간 관계에 대한 분석결과가 어떠한 차이를 나타내는지를 고찰함으로써 상호의존성의 다양한 측정방법들에 대해 평가하고자 한다. 즉 상호의존성에 관련된 다양한 연구들은 상이한 측정방법으로 상호의존성을 측정하고 있으나 이러한 개별 측정방법에 대한 명확한 평가와 근거 없이 상이한 측정방법들을 사용해 왔다. 이에 본 연구에서는 상호의존성의 중요 결과변수인 갈등에 대한 상호의존성의 영향이 상이한 측정방법에 따라 어떻게 달라지는지를 살펴봄으로써 보다 타당한 측정방법을 파악하고자 한다.

둘째 경로갈등의 다양한 형태에 따라 상호의존성이 미치는 영향이 어떻게 달라지는가를 살펴봄으로써 본 연구의 분석결과에 대한 일반화 가능성을 높이고자 한다. 앞에서도 언급했듯이 본 연구는 상호의존성과 갈등 간 관계에 대한 새로운 이론의 발견보다는 상호의존성의 다양한 측정방법에 대한 탐색적 연구에 주안점을 두고자 한다. 이를 위해 기존 상호의존성과 갈등 간 관계에 대한 연구들 중 Kumar, Sheer and Steenkamp(1995)의 연구에서 제시한 연구가설을 대상으로 실증분석을 실시하였다. 상호의존성과 갈등 간 관계에 대한 연구로서는 이들 연구 외에 Gundlach and Cadotte(1994)의 연구가 존재하지만 그들은 명확한 이론적 근거를 제시하지 못한 반면, Kumar, Sheer and Steenkamp(1995)의 연구에서는 쌍무적 억제이론(bilateral deterrence theory)이라는 명확한 이론적 근거를 제시하였다. 그러나 갈등에는 다양한 유형이 존재함에도 불구하고 Kumar, Sheer and Steenkamp(1995)는 지각된 갈등(perceived conflict)만을 제시하였으므로 본 연구에서는 잠재적 갈등(latent conflict)과 명시적 갈등(manifest conflict)을 추가로 제시하여 분석결과의 일반화 가능성을 높이고자 한다.

II. 연구가설

상호의존성은 기본적으로 거래관계를 맺고 있는 거래당사자들이 상대방에 대해 지각하는 의존성에 의해 발생하며, 거래당사자들의 의존성을 합한 총합의 차원과 거래당사자들이 지각하는 의존성의 차이인 불균형성의 차원으로 구분할 수 있다(Gundlach and Cadotte 1994). 상호의존성에 대해 살펴보기 전에 상호의존성의 기본 구성요소인 의존성에 대해 먼저 살펴보면, 의존성이란 특정 기업이 자신의 기업목표를 달성하기 위해 거래관계를 유지하고자 하는 필요성의 정도로 정의된다(Anderson and Narus 1990; Buchanan 1992 등). 거래관계를 맺고 있는 거래당사자들은 대체로 상대기업에게 어느 정도 의존하게 되는 것이 일반적인 현상이며, 이러한 개별기업의 상대방에 대한 의존성은 쌍방적 의존구조(structure of dependence)를 형성하게 되고, 이러한 쌍방적 의존구조는 거래관계를 규정짓는 중요한 요소라고 할 수 있다(Coughlan, Anderson, Stern and El-Ansary 2001).

그러나 의존성에 대한 대부분의 기존 연구들은 거래관계를 맺고 있는 기업들 중 일방에 대해서만 초점을 맞추었다. 이에 기존의 의존성과 관련된 연구들이 거래당사자 중 일방에 대해서만 초점을 맞추어 왔던 한계점을 극복하기 위해서 Gundlach and Cadotte(1994), Kumar, Scheer and Steenkamp(1995, 1998) 등은 거래관계를 맺고 있는 거래쌍방의 의존성을 개별적으로 측정함으로써 상호의존성에 대한 정확한 개념정립을 시도하였다. 이들 연구들에 이어서 상호의존성에 대해서 다양한 연구들(Antia and Frazier 2001; Hibbard, Kumar and Stern 2001; Lusch and Brown 1996 등)이 진행되었으나 본 연구에서 제시한 결과변수인 갈등과 상호의존성의 관계에 대해서는 언급하고 있지 않다.

이와 같이 기존 상호의존성에 대한 연구들에서는 다양한 결과변수들을 제시하고 있음을 알 수 있는데, 대부분의 연구에서는 상호의존성과 결과변수들 간 관계에 대한 명확한 이론적 근거를 제시하지 못하고 있다. 다만 Kumar, Scheer and Steenkamp(1995)의 연구에서만 상호의존성과 갈등 간 관계에 대한 명확한 이론적 근거로서 쌍무적 억제이론을 제시하고 있다. 따라서 다음 절에서는 쌍무적 억제이론에 대해 간략하게 언급하고, 이 이론을 토대로 연구가설을 제시하고자 한다.

쌍무적 억제이론은 관계상에서 힘(주로 처벌력 측면에 초점)과 위협 및 공격전술 간의 관계를 '억제(deterrence)'기능을 활용하여 설명하고자 하는 이론이다. 주로 사회심리학 분야에서 오래 전부터 연구되어 왔던 이론으로서 마케팅 영역에서는 Kumar, Sheer and Steenkamp(1995)의 연구를 통해 상호의존성과 갈등 간의 관계를 설명하고자 처음으로 활용되었다.

Kumar, Scheer and Steenkamp(1995)는 쌍무적 억제이론에 근거하여 상호의존성의 총합과 불균형성이 갈등에 미치는 영향을 설명하였다. 먼저 상호의존성의 총합이 갈등에 미치는 영향을 살펴보겠다. 상호의존성의 총합은 개별 거래당사자 각각이 상대방에 대해 지각하는 의존성의 합으로 정의된다(Gundlach and Cadotte 1994; Kumar, Scheer, and Steenkamp 1995, 1998).

쌍무적 억제이론은 기본적으로 상대방에게 비우호적 행위를 행하였을 경우 당할 수 있는 보복에 의해 자신의 성과가 낮아질지 모른다는 두려움에 초점을 맞춘 이론으로 상대방의 힘이 큰 경우 상대방의 보복가능성이 높기 때문에 상대방에 대한 힘의 행사를 자제하게 된다고 제안하였다. 이 이론을 의존성의 측면에서 해석하자면 자신의 힘은 상대방의 의존성에 근거하

130

는 것으로서(Emerson 1962), 상대방에 대한 자신의 의존성을 지각함에 따라 힘의 사용을 억제하는 것이라고 해석할 수 있다. 즉 자신의 의존성이 크기 때문에 상대방에게 비우호적 행위를 행사할 경우 상대방이 자신에게 필요한 자원의 철수(withdrawal) 등의 보복행위를 할 수 있고, 그에 따라 자신의 성과가 하락할 것이 두렵기 때문에 상대방에 대한 비우호적 행위를 억제하게 되고, 결과적으로 거래당사자 모두가 이러한 비우호적 행위를 억제하게 됨에 따라 갈등이 감소할 것이라는 연구가설을 제시할 수 있다.

연구가설 1: 상호의존성의 총합이 증가할수록 갈등은 감소할 것이다.

상호의존성의 불균형성은 개별 거래당사자 각각이 지각하는 의존성의 차이로서 정의된다(Gundlach and Cadotte 1994; Kumar, Scheer and Steenkamp 1995, 1998). 상호의존성의 불균형성은 기본적으로 의존성의 구조를 나타내는 것으로서(Buchanan 1992), Gundlach and Cadotte(1994)에 의해 정의되기 전에도 개념적으로는 여러 연구들에서 제시된 바 있다 (Buchanan 1992; Frazier and Summers 1986; Kale 1986).

쌍무적 억제이론을 통해 힘의 불균형성이 힘의 행사에 미치는 영향에 대해서 설명할 수 있는데, 이때에도 힘의 총합이 힘의 행사에 영향을 미치는 경우와 마찬가지로 위의 두 가지 인지적 요소가 중요한 역할을 수행하게 된다. 그러나 쌍무적 억제이론에 따르면, 힘의 총합이 힘의 행사에 미치는 영향을 설명할 경우에는 두 가지 인지적 요소가 동일하게 작용하는 반면 힘의 불균형성이 힘의 행사에 영향을 미칠 경우에는 두 가지 인지적 요소가 다르게 작용한다고 가정한다(Lawler 1986; Lalwer, Ford and Blegen 1988). 즉 거래당사자 간의 힘이 불균형을 이룰 경우에는 힘의 우위에 놓인 당사자(이하 A라고 지칭)와 힘의 열위에 놓인 당사자(이하 B라고 지칭)가 존재하게 되며, 이때 A는 힘의 우위에 있기 때문에 상대방에 의한 보복의 위험성이 감소하게 되어 힘의 행사를 억제할 필요를 느끼지 못하게 되는 반면 B는 힘의 열위에 있기 때문에 상대방에 의한 보복의 위험성이 높기는 하나 상대방이 공격할 가능성이 높기 때문에 상대방이 공격할 경우 자신도 보복행위를 할 수 있음을 보여주기 위해 상대방에게 비우호적인 행위를 할 것이라고 제안하였다.

Kumar, Scheer and Steenkamp(1995)는 이러한 쌍무적 억제이론을 활용하여 상호의존성의 불균형성과 갈등 간 관계를 설명하였다. 이 이론에 근거하면 상호의존성이 불균형을 이루게 됨에 따라 상대적으로 높은 수준의 힘을 지닌 기업이 존재하게 되고, 이러한 기업은 상대방에게 비우호적 행위를 하더라도 상대방에게 보복당할 가능성이 감소하게 되어 보복에 대한 두려움(fear of retaliation)이 감소하게 되며 이에 따라 비우호적 행위를 자제할 가능성이 감소하게 된다. 반대로 상대방에게 의존도가 높은 기업은 자신의 행위와 상관없이 상대방이 비우호적 행위를 할 수 있다고 생각하기 때문에 상대기업에 대해 매우 비우호적 성향을 갖게 된다. 따라서 상호의존성이 불균형을 이룰 때 거래당사자 모두의 비우호적 행위가 발생할 확률은 증가하게 되어 갈등이 증가할 것이라고 예상할 수 있다(Lawler 1986; Lawler, Ford and Blegen 1988 등).

연구가설 2: 상호의존성의 불균형성이 증가할수록 갈등은 증가할 것이다.

Ⅲ. 연구방법

1. 표본 및 자료수집 절차

본 연구는 유통경로구성원 간의 관계를 연구대상으로 삼고 있으며, 마케팅 영역에서 상호의존성과 갈등 간의 관계에 대한 기존 연구들과 마찬가지로 산업재 시장을 연구대상으로 설정하였다(Gundlach and Cadotte 1994; Kumar, Scheer and Steenkamp 1995). 구체적인 연구대상은 소방 관련 전문공사업체들과 공사재료 및 장비를 제공하는 업체들 간의 거래관계로서, 설문지 방법을 활용하여 거래를 맺고 있는 거래당사자 모두에게 자신 및 상대방에 대한 다양한 측면들에 응답하도록 하였다. 실제 자료수집과정을 구체적으로 언급하자면, 전체 58개 업체의 전문공사업체와 접촉하여 거래량기준으로 상위 3개 공급업체들에 대해서 응답하도록 하였고, 응답 후에는 상위 3개 공급업체명과 실제 업무담당자의 이름 및 연락처를 기재하도록 하였다. 다음으로는 총 151개 공급업체(23개 업체는 접촉불능)를 대상으로 해당 전문공사업체와의 관계에 대해 설문을 실시하였다. 회수된 설문지를 대상으로 거래관계상 대응되지 않는 업체들과 불성실한 설문지를 제거한 96개 거래관계 데이터를 실제 분석에서 활용하였다.

2. 개념의 조작적 정의

먼저 본 연구의 주요 개념인 상호의존성의 조작적 정의를 살펴보도록 하겠다. 의존성에 대한 정의는 기본적으로 Kumar, Scheer and Steenkamp(1995)의 연구에서 제시된 정의를 따르고자 한다. 이들은 의존성의 조작적 정의로서 '대체가능성'을 활용하여 3개의 항목을 제시하였고, 본 연구에서도 이들이 제시한 3개의 항목을 해당 시장에 적합한 항목으로 수정하여 7점 리커트 척도로 측정하였다. 또한 Kumar, Scheer and Steenkamp(1998)의 연구에서는 대체가능성과 함께 관계가치(value)도 의존성을 구성하는 측면이라고 제시하였는데, 본 연구에서도 대체가능성과 함께 관계가치측면도 고려하여 총 7개 항목으로서 의존성을 측정하였다.

Anderson and Narus(1990)가 처음으로 상대적 의존성(relative dependence)의 개념을 제시한 이후 여러 연구자들이 다양한 방법으로 상호의존성을 측정해왔다. 다음에서는 기존 기업 간 연구들에서 활용해왔던 상호의존성의 측정방법에 대해 개념적으로 설명함과 동시에 구체적인 측정방법에 대해서 설명하도록 하겠다.

2.1. 범주형 접근(Categorical Approach)

상호의존성을 범주형으로 측정한 연구들로서는 Buchanan(1992)과 Kumar, Scheer and Steenkamp(1994)의 연구가 있다. Buchanan(1992)은 네 가지 범주형 항목인 낮은 의존성(A)/낮은 의존성(B), 낮은 의존성(A)/높은 의존성(B), 높은 의존성(A)/낮은 의존성(B), 높은 의존성(A)/높은 의존성(B) 등을 제시하고 그중 한 항목을 선택하게 하는 명목척도 형태를 활용하였고, Kumar, Scheer and Steenkamp(1994)는 개별 당사자들의 의존성을 등간척도로 측정한 후 평균분할(mean-split)을 활용하여 앞서 제시한 네 가지 범주로 변환하여 상호의존성을 측정하였다.

두 연구에서 활용된 상호의존성에 대한 범주형 접근방법은 몇 가지 장점이 있다. 첫째, 응답자의 응답노력을 최소화할 수 있고, 둘째, 개별 거래당사자의 의존성이 결과변수에 미치는 영향을 구별되게 파악할 있다. 그러나 이러한 장점과 함께 단점도 있는데, 첫 번째 단점으로는 다점 척도(multipoint scale)에 비해서 이점 척도(two-point scale)를 활용함에 따라 분산정도를 감소시킴에 따른 검정력 감소를 들 수 있다. 두 번째 단점은 Kumar, Scheer and Steenkamp(1994)이 행한 방법에 해당되는 것으로 평균분할시 응답자의 응답치와 상관없이 범주가 조사자에 의해 정해지므로 측정상의 정확도를 떨어뜨릴 수 있다.

2.2. 차원형 접근(Dimensional Approach)

상호의존성에 대한 차원형 접근방법은 상호의존성이 두 개의 주요 차원인 상호의존성의 총합(magnitude)과 불균형성(asymmetry)으로 존재한다고 본다. 상호의존성의 총합은 개별 거래당사자의 의존성에 대한 합산 또는 곱으로 표현하며, 상호의존성의 불균형성은 통상적으로 개별 거래당사자의 의존성에 대한 차이 또는 차이의 절대값으로서 표현하거나, Spline Regression을 활용하여 분석한다.

상호의존성의 총합은 개별 거래당사자의 의존성에 대한 합산 또는 곱으로서 측정된다고 하였는데, 합산의 방법은 거래관계상 형성된 의존성의 정도를 단일 변수로서 측정할 수 있다는 장점이 있지만, 개별 거래당사자의 의존성이 상호의존성의 총합이나 결과변수에 미치는 영향을 알 수 없다는 한계점을 지니고 있다. 의존성의 곱으로서 상호의존성의 총합을 측정할 경우 상호의존성의 총합과 불균형성 간의 구별이 모호해지며, 개별 거래당사자 간 의존성의 상호작용효과를 측정하기 위한 독립변수로서 해석하게 됨에 따라 전체 의존성 정도가 결과변수에 미치는 영향에 대해서는 분석할 수 없게 된다.

상호의존성의 불균형성은 거래당사자의 의존성 간 비교정도로서, 기존 연구들에서 다양한 측정방법이 제시되었다. 먼저 Anderson and Narus(1990)는 상대적 차이로서 불균형성을 측정하였고, Kumar, Scheer and Steenkamp(1995)는 상대적 차이의 절대값으로서 불균형성을 측정하였다. 그러나 이와 같은 측정방법은 개별 거래당사자의 의존성이 결과변수에 미치는 영향을 구별되게 측정할 수 없다는 단점이 있으며, 동시에 개별 거래당사자의 의존성이 보다 큰지 혹은 작은지에 대한 의존성 구조의 상대적 차이를 반영하지 못한다는 단점이 있다. 이러한 단점을 극복하기 위해서 Kumar, Scheer and Steenkamp(1998)는 개별 거래당사자가 의존성 구조상 열위 또는 우위에 있는지도 함께 고려한 분석방법인 Spline regression 분석방법을 활용하였다.

2.3. 갈 등

상호의존성과 함께 본 연구에서 제시된 연구 구성개념인 갈등은 사회심리학의 영역에서 주로 연구되어 온 개념으로 매우 다양한 정의가 존재한다. 갈등의 초기 연구로서, Raven and Kruglanski(1970)의 연구에서 내린 갈등이란 실제 혹은 기대되어지는 제반 반응들의 비양립성으로부터 야기되는 둘 혹은 그 이상의 사회적 실체들(개인, 집단 혹은 더 큰 조직들) 간의 긴장상태라고 정의되었다. 또한 다양한 실증적 연구들에서 이러한 정의에 바탕을 둔 다양한 형태의 갈등을 제시하고 있는데, 대표적인 갈등의 형태로서는 잠재적 갈등(latent conflict)과 명시적 갈등(manifest conflict)이 존재한다. 또한 Kumar, Scheer and Steenkamp(1995)의 연구에서는 갈등의 형태로서 지각된 갈등(perceived conflict)을 제시하였으며, Pondy(1967)의 연구에 따르면 지각된 갈등은 잠재적 갈등과 명시적 갈등의 중간 단계로서 제시하였다. 본 연구에서도 지각된 갈등을 포함한 총 3가지의 갈등형태와 상호의존성과의 관계를 살펴보고자 한다. 잠재적 갈등과 명시적 갈등은 Brown and Day(1981)의 연구와 Frazier and Rody(1991)의 연구에서 제시한 개념들을 활용하고자 한다. 잠재적 갈등은 갈등의 원인이 내재되어 있는 상태로서 거래당사자가 지각하기 전의 상태라고 정의할 수 있으며, 명시적 갈등은 거래당사자 모두가 갈등상태를 지각하는 상태로서 갈등행동으로 표현되는 상태로서 정의된다(Brown and Day 1981; Frazier and Rody 1991). 본 연구에서는 이들 연구에서 제시한 측정항목을 토대로 소방산업의 전문가인터뷰 및 여러 차례의 사전조사를 통해서 각각 10개 항목으로 구성하였다. 또한 지각된 갈등은 Kumar, Scheer and Steenkamp(1995)에서 제시한 개념들을 활용하였는데, 다양한 갈등상황에 대한 거래당사자들의 지각 정도로서 총 7개 항목으로 구성하였다.

Ⅳ. 실증분석

1. 신뢰성 및 타당성 검증

본 연구는 기본적으로 회귀분석을 통하여 연구가설을 검증할 것이며, 구매업체집단과 공급업체집단을 구분하여 분석을 실시할 것이다. 연구가설의 검증에 앞서 본 연구에서 제시한 측정도구들에 대한 신뢰성 및 타당성 분석은 SPSS 10.0 통계패키지와 LISREL 8.30 패키지를 활용하여 실시하였다.

신뢰성을 검증하기 위해서 크론바하 알파계수(cronbach's alpha)를 활용하여 내적 일관성(internal consistency)분석을 실시하였다. 〈표 1〉을 통해서도 알 수 있듯이 모든 측정항목들의 크론바하 알파계수는 .90 이상을 나타내고 있으며, 이는 Nunnally(1978)가 기준으로서 제시한 .70보다 훨씬 높으므로 모든 측정항목들의 내적 일관성은 충분하다고 결론내릴 수 있다.

〈표 1〉 신뢰성 검증

연구변수	cronbach's alpha (공급업체)	cronbach's alpha (구매업체)
의존성	.9270	.9374
잠재적 갈등	.9470	.9375
지각된 갈등	.9753	.9618
명시적 갈등	.9758	.9646

다음으로 타당성 검증을 위해 먼저 SPSS 10.0 통계패키지를 활용하여 탐색적 요인분석을 하였다. 분석결과 구매업체집단과 공급업체집단 모두에서 대부분의 측정항목들이 제시된 요인들에 속하는 결과가 도출되었다. 다음으로 이들 항목들 모두를 포함시켜 확증적 요인분석을 LISREL 8.30패키지를 활용하여 실시하였다.

모든 측정항목들을 포함하고 확증적 요인분석을 실시하였으나, 전체적인 적합도 지수들이 매우 낮게 나왔고, 이에 따라 수정지수들(modification indices)에 근거하여 반복적으로 확증적 요인분석을 실시하였다. 최종적으로 일부 항목들을 제외한 확증적 요인분석의 결과는 〈표 2〉에 정리되어 있다. 확증적 요인분석을 실시한 결과 카이제곱 적합도 지수(χ^2 goodness-of-fit index)가 통계적으로 유의미하지 않게 도출되었다(공급업체집단: $\chi^2=150.91$, $p=0.68$, 구매업체집단: $\chi^2=160.16$, $p=0.48$). 또한 나머지 적합도 지수들은 대체로 양호하게 도출되었다. 표에서 알 수 있듯이 모든 측정항목들의 요인적재량들은 1%수준에서 통계적으로 유의미하며, 전체적인 적합도 지수들도 대체적으로 양호한 값들을 보이고 있다(공급업체집단; GFI=.87, CFI=1.00, RMR=.046; 구매업체집단; GFI=.86, CFI=1.00, RMR=.050).

<표 2> 확증적 요인분석결과

측정항목	의존성(자신)	잠재적 갈등	지각된 갈등	명시적 갈등
공급업체	.74(8.21) .86(10.18) .97(12.25)	.93(12.00) .91(11.55) .89(11.03) .93(11.86)	.87(10.51) .84(9.85) .87(10.41) .84(9.96)	.91(11.42) .90(11.24) .90(11.36) .89(11.12) .93(11.84) .88(10.85)
χ^2: 150.91(p=0.68), GFI: 0.87, CFI: 1.00, RMR: 0.046				
구매업체	.82(9.18) .83(9.26) .84(9.43)	.85(10.28) .94(12.02) .93(11.88) .88(10.84)	.81(9.25) .78(8.72) .86(10.09) .77(8.60) .80(9.05)	.80(9.33) .83(9.82) .88(10.84) .86(10.38) .90(11.20)
χ^2: 160.16(p=0.48), GFI: 0.86, CFI: 1.00, RMR: 0.05				

2. 분석결과

앞서 언급했듯이 본 연구는 연구가설의 검증을 통한 이론적 발전보다는 상호의존성의 다양한 측정방법에 대한 실증분석을 통해 어떤 측정방법이 보다 적합한지를 살펴보고자 하는 것을 주요 연구목적으로 삼고 있다. 이를 위해서 상호의존성에 관련된 기존 연구들에서 제시한 다양한 측정방법들을 활용하여 기존에 검증되었던 연구가설을 재검증하도록 하겠다.

Buchanan(1992)과 Kumar, Scheer and Steenkamp(1994)의 연구에서 활용한 범주형 접근에 따라 상호의존성을 측정하여 세 가지 유형의 갈등에 미치는 영향을 일원분산분석방법으로 분석한 결과는 〈표 3〉과 같다. 거래관계상의 의존성 구조에 따라 총 4개 집단으로 구분하였는데, 표에서 알 수 있듯이 구매업체집단의 경우에는 모든 갈등형태에서 집단차이가 유의하게 나타나지 않았다. 반면에 공급업체집단에서는 개별 갈등형태별로 일부 집단에서 유의한 차이를 보였다. 먼저 의존성이 균형적일 때 상호의존성의 총합이 낮은 경우가 높은 경우보다 더 높은 잠재적 갈등을 보이고 있으며, 상호의존성이 균형적일 때보다 불균형적일 때 더 높은 지각된 갈등을 보이고 있다. 또한 상호의존성이 균형적으로 높은 경우가 나머지 경우보다 더 낮은 명시적 갈등을 보이고 있다.

〈표 3〉 일원분산분석: 범주형 접근

분석집단	결과변수	A	B	C	D	p값		
공급업체	잠재적 갈등	4.37	3.67	3.46	3.19	.020*	.131**	.127***
	지각된 갈등	3.16	2.73	3.18	2.46	.274*	.038**	.267***
	명시적 갈등	4.01	3.71	4.65	4.00	.138*	.316**	.069***
구매업체	잠재적 갈등	3.57	3.95	2.92	3.68	.819*	.792**	.927***
	지각된 갈등	2.63	3.09	2.77	2.57	.919*	.279**	.544***
	명시적 갈등	3.81	3.99	3.82	3.76	.934*	.627**	.756***

*   집단 D와 집단 A 비교;
** 집단 A/D와 집단 B/C 비교;
*** 집단 D와 집단 A/B/C 비교
참조: A(low/low) ; B(high/low) ; C(low/high) ; D(high/high)

이러한 결과는 기존 연구들에서 제시한 분석결과와 일치하는 것으로서 잠재적 갈등의 경우 상호의존성의 총합과 관련된 연구가설 1을 지지하며, 지각된 갈등의 경우에는 상호의존성의 불균형성과 관련된 연구가설 2를 지지하는 결과로서 해석할 수 있다. 명시적 갈등의 경우는 상호의존성의 총합과 불균형성 간의 상호작용효과를 지지하는 결과로서 해석할 수 있을 것이다. 그러나 갈등형태별로 일관되지 않은 결과를 보임으로써 상호의존성에 대한 적절한 측정방법으로 평가하기는 어렵다.

다음으로는 차원형 접근방법에 따라 상호의존성을 측정하여 갈등에 미치는 영향을 살펴보도록 하겠다. 본 연구에서는 차원형 접근방법을 다섯 가지로 방법으로 세분화하여 공급업체집단과 구매업체집단 등 두 분석대상별로 구분하여 실증분석을 실시하였다.

먼저 공급업체집단의 경우를 살펴보겠다. 공급업체의 경우 측정방법별로 다양한 결과를 나타내고 있다. 개별 거래당사자의 의존성으로 상호의존성을 측정한 경우 상대방의 의존성이 높을수록 잠재적 갈등은 감소하며($-.084$, $p<.05$; $-.017$, $p<.05$), 의존성의 합산으로서 상호의존성의 총합을 측정한 경우 지각된 갈등을 제외한 두 가지 유형의 갈등이 모두 감소함을 보이고 있다(지각된 갈등의 경우 F값이 유의미하지 않음). 그러나 이러한 결과는 본 연구에서 제시한 두 연구가설을 동시에 지지하고 있지 않다(표 4 참조).

반면에 상호의존성의 총합을 의존성의 합산으로 측정하고, 상호의존성의 불균형성을 의존성 차이의 절대값으로서 측정한 경우 세 가지 유형의 갈등에서 모두 연구가설을 지지하는 결과를 보이고 있으며, spline regression 분석결과에서도 동일하게 세 가지 유형의 갈등에서 모두 연구가설을 지지하는 결과를 보이고 있음을 알 수 있다(표 4 참조).

다음으로 구매업체집단의 경우 의존성과 의존성의 곱, 의존성의 단순합 등이 일부 유형의 갈등에 유의한 영향을 미치지만 〈표 5〉에서 알 수 있듯이 연구가설을 모두 지지하는 결과를 보이는 측정방법은 없다. 그러나 공급업체집단의 경우와 마찬가지로 자신의 지각하는 자신의 의존성과 상대방이 지각하는 상대방의 의존성으로 상호의존성을 정의하여 명시적 갈등에 미치는 영향에 대한 분석결과는 연구가설을 지지하는 결과를 보이고 있으며 이는 기존 연구에서 활용한 의존성의 측정방식은 자기지각오류의 가능성이 높다고 해석할 수 있다.

<표 4> 회귀분석결과(공급업체집단)

조작적 정의 방법	잠재적 갈등	지각된 갈등	명시적 갈등
Unilateral Dependence			
자신의 의존성(X) 상대방의 의존성(Y)	-.055*** -.084b	-.056 -.048b	-.035 -.092
R^2	.086 (p=.015)	.040 (p=.150)	.066 (p=.042)
Bilateral Dependence			
bilateral dependence(X*Y) 자신의 의존성(X) 상대방의 의존성(Y)	-.048 -.057 -.017b	-.056 -.048 .000	-.030 -.073 -.012
R^2	.136 (p=.004)	.040 (p=.287)	.087 (p =.037)
Relative Difference			
의존성 총합(X+Y) 의존성의 차이(X-Y)	-.070a .014	-.052c -.004	-.064b .029
R^2	.086 (p=.015)	.040 (p=.150)	.066 (p=.042)
Absolute Difference			
의존성 총합(X+Y) 의존성 차이의 절대값(∣X-Y∣)	-.069a .149a	-.052b .116b	-.062b .131b
R^2	.180 (p=.000)	.088 (p=.014)	.122 (p=.002)
Spline Regression			
의존성 총합(X+Y) adep* ddep**	-.068a .165a .142a	-.050c .151b .101c	-.062b .121c .135b
R^2	.181 (p=.000)	.093 (p=.029)	.123 (p=.007)

[a] $p<.01$; [b] $p<.05$; [c] $p<.10$
*상대방보다 의존성이 낮은 경우(X<Y); **상대방보다 의존성이 높은 경우(X>Y)
***회귀계수는 비표준화계수 활용

〈표 5〉 회귀분석결과(구매업체집단)

조작적 정의 방법	잠재적 갈등	지각된 갈등	명시적 갈등
Unilateral Dependence			
자신의 의존성(X)	-.022***	-.018	-.076c
상대방의 의존성(Y)	-.053	-.059	-.074b
R^2	0.37 (p=.174)	.026 (p=.294)	.104 (p=.006)
Bilateral Dependence			
bilateral dependence(X*Y)	.001	.002	-.073c
자신의 의존성(X)	-.047	-.053	-.073b
상대방의 의존성(Y)	-.014b	-.012	-.002
R^2	.082 (p=.047)	.047 (p=.219)	.105 (p=.016)
Relative Difference			
의존성 총합(X+Y)	-.038c	-.038	-.075a
의존성의 차이(X-Y)	.015	.020	-.001
R^2	.037 (p=.174)	.026 (p=.294)	.104 (p=.006)
Absolute Difference			
의존성 총합(X+Y)	-.038c	-.039	-.075a
의존성 차이의 절대값(I X-Y I)	.058	.083	.074
R^2	.052 (p=.082)	.047 (p=.106)	.129 (p=.002)
Spline Regression			
의존성 총합(X+Y)	-.037c	-.037	-.074a
adep*	.042	.061	.067
ddep**	.096	.135c	.091
R^2	.061 (p=.119)	.058 (p=.139)	.131 (p=.005)

[a]$p<.01$; [b]$p<.05$; [c]$p<.10$
*상대방보다 의존성이 낮은 경우(X<Y); **상대방보다 의존성이 높은 경우(X>Y)
***회귀계수는 비표준화계수 활용

Ⅴ. 결 론

　의존성은 유통경로상에 존재하는 기본적인 특성으로서 의존성이 존재하지 않는 유통경로는 존재하지 않는다(Coughlan, Anderson, Stern and El-Ansary 2001). 유통연구 분야에서의 상호의존성에 대한 연구는 그 자체로서 의의를 갖고 있으나, 대부분의 기존 연구들은 과거 Emerson(1962)이 제시한 개념적 정의를 그대로 따르고 있다. 최근 유통경로구성원 간의 관계에 대한 다양한 연구들(Antia and Frazier 2001; Hibbard, Kumar and Stern 2001 등)에서 제시한 연구모델들에는 의존성 개념이 포함되어 있지만 의존성에 초점을 둔 연구들은 별로 존재하지 않는다.

　또한 의존성에 초점을 둔 연구들도 측정방법에 대한 정확한 근거 없이 서로 상이한 측정방법을 사용하고 있다. 이에 본 연구에서는 유통연구의 기본 개념이라고 할 수 있는 의존성 개념을 기본적인 거래형태인 양자적 거래관계(dyadic relationship)상에서 확장시킨 상호의존성 개념에 대한 다양한 측정방법을 서로 비교함으로써 보다 명확한 측정방법의 규명을 주요 연구목적으로 설정하였다. 또한 이를 실제적인 양자적 거래관계 속에서 상호의존성을 측정하기 위해서 상호의존성의 구성요소인 개별 거래당사자의 의존성을 개별 거래당사 자신에게 모두 측정하게 함으로써 기존 연구들이 내포하고 있는 자기지각오류의 배제하였다. 이외에 다양한 유형의 갈등에 상호의존성이 미치는 영향에 대해 실증분석을 실시함으로써 연구결과의 일반화가능성을 높이고자 하였다.

　분석은 회귀분석을 활용하여 수행하였으며, 분석결과를 요약하자면 다음과 같다. 먼저 상호의존성의 총합과 세 가지 유형의 갈등 간 관계에 대한 연구가설 1에 대해서 살펴보겠다. 범주형 접근으로서 상호의존성을 측정한 경우 공급업체집단에서 잠재적 갈등을 결과변수로 설정한 경우에만 지지되었으며 구매업체집단에서는 지지되지 않았다. 또한 차원형 접근으로 측정

한 경우에는 공급업체가 지각하는 갈등을 결과변수로 설정하여 단순합으로
서 상호의존성의 총합을 측정한 경우에만 갈등 유형에 상관없이 연구가설
이 지지되었다. 반면에 구매업체집단의 경우 세 가지 유형의 갈등형태들
중 일부 형태에 대해서만 유의한 결과를 보임으로써 연구가설 1을 지지한
다고 볼 수 없다.

다음으로 상호의존성의 불균형성과 관련된 연구가설 2에 대해서 살펴보
겠다. 범주형 접근으로서 상호의존성을 측정한 경우 공급업체집단에서 지
각된 갈등을 결과변수로 설정한 경우에만 지지되었으며 구매업체집단에서
는 지지되지 않았다. 또한 차원형 접근으로 측정시 공급업체집단의 경우
의존성 차이의 절대값으로서 상호의존성의 불균형성을 측정한 경우와
spline regression으로 분석한 경우에만 갈등 유형에 상관없이 연구가설을
지지하였다. 또한 구매업체집단의 경우 대부분의 경우 연구가설을 지지하
지 못하고 있다. 이러한 결과는 다양한 측정방법들 중에서 두 가지, 즉 의
존성 차이의 절대값으로서 불균형성을 측정한 경우와 spline regression에
의한 분석방법이 상호의존성의 불균형성에 대한 측정방법들 중 가장 적합
한 방법임을 보여주고 있다.

이와 같은 분석결과를 종합해 볼 때 상호의존성의 측정방법들 중
Kumar, Scheer and Steenkamp(1995, 1998)의 연구에서 제시한 측정방법
인 spline regression 분석방법과 상호의존성의 불균형성을 의존성 차이의
절대값으로서 측정한 방법이 가장 적합한 방법임을 알 수 있다. Kumar,
Scheer and Steenkamp(1995, 1998)는 기존 방법과의 비교나 자신들이 활
용한 측정방법에 대한 명확한 근거를 제시하지 못하였으나 본 연구에서는
기존 상호의존성에 대한 측정방법들과 Kumar, Scheer and Steenkamp(1995,
1998)의 연구에서 제시한 측정방법들을 비교함으로써 이들이 제시한 측정방
법의 적합함을 실증적으로 검증하였다는 점에서 주요한 의의를 가진다.

본 연구가 지니는 이러한 의의에도 불구하고 몇 가지 한계점 또한 가지
고 있다. 다음에서는 이러한 한계점과 함께 향후 연구과제를 제시하도록

하겠다. 첫째, 본 연구에서는 일반화 가능성을 높이기 위해서 세 가지 유형의 갈등형태를 제시하였으며, 일부 분석결과에서는 갈등형태별로 상이한 분석결과를 보였다. 그러나 본 연구는 갈등형태별 상호의존성과 갈등 간 관계의 규명을 주요 연구과제로 설정하지 않음에 따라 갈등형태별 상호의존성과 갈등 간 관계에 대해서 명확한 설명을 제시하지 못하였다. 따라서 향후에는 갈등형태별 상호의존성이 갈등에 미치는 영향에 대한 이론적 고찰이 필요할 것이다.

둘째, 범주형 접근방법에 의한 분석결과를 보면 명시적 갈등에 대한 상호의존성의 총합과 불균형성 간 상호작용효과의 가능성을 보여주고 있는데, 상호의존성과 관련된 기존 연구들 중 이러한 상호작용효과에 대한 실증연구는 존재하지 않으며, 본 연구에서도 이러한 상호작용효과를 실증적으로 분석하지 못하였다. 그러나 상호의존성의 두 차원인 상호의존성의 총합과 불균형성 간의 차별성에 대한 실증연구도 마찬가지로 이루어진 적이 없음으로 이러한 상호작용효과에 대한 가능성은 존재할 것이며 향후 중요한 연구과제가 될 것이다.

셋째, 실증분석결과에서도 알 수 있듯이 공급업체집단에서는 연구가설을 지지하는 결과를 보이고 있는 반면 구매업체집단에서는 대부분의 연구가설이 지지되지 못했다. 이는 최근의 유통경로상의 추세를 감안해 볼 때 제조업체보다 유통업체의 힘(power)이 상대적으로 크기 때문에 제조업체의 의존성 정도보다 유통업체의 의존성 정도가 유통경로의 성과에 미치는 영향이 클 수 있음을 보여주는 것으로 해석할 수 있다. 향후에는 개별 유통경로구성원의 다른 관계특성을 고려하여 제조업체와 유통업체별 힘의 크기에 따른 거래관계특성의 차이에 대한 명확한 규명이 필요할 것이다.

마지막으로 본 연구에서는 결과변수로서 갈등만을 제시하였는데, 이외에도 다양한 결과변수를 제시하여 상호의존성의 측정방법에 대한 추가 실증분석이 요구된다. 본 연구에서도 다양한 유형의 갈등형태를 제시함으로써 일반화 가능성을 높이고자 하였으나, 기존 연구들에서는 갈등 이외에도 영

향전략, 관계몰입, 관계성과, 관계규명, 신뢰 등의 결과변수들을 제시한 바
있다. 따라서 갈등 이외에 다양한 결과변수를 활용한 추가 실증분석을 통
해 본 연구에서 적합한 측정방법으로서 제시한 spline regression 분석방법
이나 의존성 차이의 절대값으로서 상호의존성의 불균형성을 측정한 방법이
다른 결과변수들에 있어서도 마찬가지로 타당한 상호의존성의 측정방법인
지를 밝힐 수 있을 것이다.

참고문헌

Anne T. Coughlan, Erin Anderson, Louis W. Stern, and Adel I. El-Ansary, *Marketing Channels*, Prentice Hall, 2001.

Bertram H. Raven and Arie W. Kruglanski, "Conflict and Power," in *The Structure of Conflict*, Paul Swingle, ed.(New York: Academic Press), 1970, pp.69~109.

Dwyer F. Robert, Paul Shurr, and Sejo Oh, "Developing Buyer-Seller Relationship," *Journal of Marketing*, Vol.51, April, 1987, pp.11~27.

Edward J. Lawler, "Bilateral Deterrence and Conflict Spiral: A Theoretical Analysis," pp.107-130 in *Advances in Group Processes*, vol. 3, edited by Edward J. Lawler, Greenwich, CT:JAI, 1986.

Edward J. Lawler, Rebecca S. Ford, and Mary A. Blegen, "Coercive Capability in Conflict: A Test of Bilateral Deterrence Versus Conflict Spiral Theory," *Social Psychology Quarterly*, Vol.51, No.2, 1988, pp.93~107.

Gary Frazier and John Summers, "Interfirm Influence Strategies and Their Application Within Distribution Channels," *Journal of Marketing*, Vol.48, Summer, 1984, pp.43~55.

Gary Frazier and John Summers, "Interfirm Power and Its Use Within a Franchise Channel of Distribution," *Journal of Marketing Research*, Vol.23, May, 1986, pp.169~176.

Gary Frazier and Raymond C. Rody, "The Use of Influence Strategies in Interfirm Relationships in Industrial Product Channels," *Journal of Marketing*, Vol.55, January, 1991, pp.52~69.

Gregory T. Gundlach and Ernest R. Cadotte, "Exchange Interdependence and Interfirm Interaction: Research in a Simulated Channel Setting," *Journal of Marketing Research*, Vol.31, November, 1994, pp.516~532.

Henry Assael, "The Political Role of Trade Association in Distributive Conflict Resolution," *Journal of Marketing*, Vol.32, April, 1968, pp.21~28.

James R. Brown and Ralph L. Day, "Measures of Manifest Conflict in Distribution Channels," *Journal of Marketing Research*, Vol.18, August, 1981, pp.263~274.

James C. Anderson and James A. Narus, "A Model of the Distributor's Perspective of Distributor-Manufacturer Working Relationships," *Journal of Marketing*, Vol.48, Fall, 1990, pp.62~74.

Jan B. Heide, "Interorganizational Governance in Marketing Channels," *Journal of Marketing*, Vol.58, January, 1994, pp.71~85.

Jeffrey Pfeffer and Gerald R. Salancik, *The External Control of Organizations*, New York: Harper & Row Publisher, Inc., 1978.

Jim C. Nunnally, *Psychometric Methods*, New York: McGraw Hill, 1978.

Jonathan D. Hibbard, Nirmalya Kumar and Louis W. Stern, "Examining the Impact of Destructive Acts in Marketing Channel Relationships," *Journal of Marketing Research*, Vol.38, February, 2001, pp.45-61.

Kersi D. Antia and Gary L. Frazier, "The Severity of Contract Enforcement in Interfirm Channel Relationships," *Journal of Marketing*, Vol.65,

October, 2001, pp.67~81.

Lauranne Buchanan, "Vertical Trade Relationships: The Role of Dependence and Symmetry in Attaining Organizational Goals," *Journal of Marketing Research*, Vol.29, February, 1992, pp.65~75.

Louis R. Pondy, "Organizational Conflict: Concepts and Models," *Administrative Science Quartery*, Vol.12, September, 1967, pp.296~320.

Nirmalya Kumar, Lisa K. Scheer, and Jan-Benedict E. M. Steenkamp, "The Effects of Interdependence on Relationship Quality in Marketing Channels," ISBM Working Paper No.2, Institute for the Study of Business Markets, Pennsylvania State University, 1994.

Nirmalya Kumar, Lisa K. Scheer, and Jan-Benedict E. M. Steenkamp, "The Effects of Perceived Interdependence on Dealer Attitudes," *Journal of Marketing Research*, Vol.32, August, 1995, pp.348~356.

Nirmalya Kumar, Lisa K. Scheer, and Jan-Benedict E. M. Steenkamp, "Interdependence, Punitive Capability, and the Reciprocation of Punitive Actions in Channel Relationships," *Journal of Marketing Research*, Vol.35, May, 1998, pp.225~235.

Richard M. Emerson, "Power-Dependence Relations," *American Sociological Review*, Vol.27, February, 1962, pp.31~41.

Robert F. Lusch and James R. Brown, "Interdependency, Contracting, and Relational Behavior in Marketing Channels," *Journal of Marketing*, Vol.60, October, 1996, pp.19~38.

Sudhir Kale, "Dealer Perceptions of Manufacturer Power and Influence Strategies in a Developing Country," *Journal of Marketing Research*, Vol.23, November, 1986, pp.387~393.

· 저자 ·

김종근　· 약　력 ·
(金鍾根)
　　　　고려대학교 문과대학 심리학과 졸업
　　　　고려대학교 일반대학원 경영학과 마케팅 석사학위 취득
　　　　고려대학교 일반대학원 경영학과 마케팅 박사학위 취득

　　　　고려대학교 경영학과 강사
　　　　삼성전자 유통연수소 과장
　　　　현　동양공업전문대학 전임강사

　　　　· 주요논저 ·

　　　　「유통경로구성원간 상호의존성이 갈등에 미치는 영향에 대한 재조명」
　　　　「국내 CATV홈쇼핑 시장의 성공요인: 관계마케팅 전략실행관점」
　　　　「거래분위기와 관계적 규범이 관계의 질(relationship quality)에 미치는 영향」
　　　　「전자상거래 성장에 따른 택배물류의 개선 방안」
　　　　「상호의존성과 갈등 간 관계에 있어서 신뢰의 조절효과」
　　　　「협력적 커뮤니케이션이 유통성과에 미치는 영향에 관한 연구」
　　　　「불균형적 상호의존성과 갈등 간 비선형적 관계에 대한 연구」
　　　　「유통경로에 대한 상호의존성의 다양한 측정방법에 대한 탐색적 연구」
　　　　외 다수

유통업체 거래관계에 대한 상호의존적 관점

· 초판 인쇄	2006년 7월 20일
· 초판 발행	2006년 7월 20일
· 지 은 이	김종근
· 펴 낸 이	채종준
· 펴 낸 곳	한국학술정보㈜
	경기도 파주시 교하읍 문발리 526-2
	파주출판문화정보산업단지
	전화　031) 908-3181(대표) · 팩스　031) 908-3189
	홈페이지　http://www.kstudy.com
	e-mail(e-Book사업부)　ebook@kstudy.com
· 등　록	제일산-115호(2000. 6. 19)
· 가　격	10,000원

ISBN　89-534-5396-8 93320 (Paper Book)
　　　　89-534-5397-6 98320 (e-Book)